Un camino de sabiduría

Lama Jigme Rinpoche

Un camino de sabiduría

Lama Jigme Rinpoche

Editado por Sylvia Wong y Audrey Desserrières

Traducido al español por María Cámara Serrano

RABSEL
PUBLICATIONS

Título original : *A Path of Wisdom*
©Rabsel Éditions, 2012

© Rabsel Publications, La Remuée, 2019
para la traducción española
ISBN 978-2-36017-006-7

www.rabsel.com
e-mail: contact@rabsel.com

Contenido

I

Nota de la traducción

Un camino de sabiduría recopila varios seminarios impartidos por el Lama Jigme Rinpoche, entre 1997 y 1999 en Dhagpo Kagyu Ling, con explicaciones añadidas para este libro.

Capítulo I. Introducción

Para poder beneficiarse de cualquier práctica budista, es necesario comprender los puntos esenciales del núcleo de las enseñanzas del Buda. Estos puntos esenciales sintetizan el significado profundo de la enseñanza, resultando así cruciales e indispensables para poder asimilar realmente su significado.

Este libro ofrece un camino de práctica que puede ser aplicado de forma concreta en nuestra vida cotidiana; un camino que finalmente nos conducirá al despertar. En este caminar hemos de prestar especial atención al significado preciso que subyace en los distintos conceptos, métodos y prácticas del camino budista. El practicante de este camino debe tratar de integrar fielmente el significado del refugio, las plegarias, la mente del despertar, el vínculo con el amigo espiritual, las distintas prácticas y la meditación. *El Precioso Ornamento de la Li-*

beración de Gampopa[1] es una excelente obra de referencia que contiene los conceptos mencionados. Gracias a la comprensión del significado real de estos conceptos podremos integrarlos en la meditación y en nuestra vida cotidiana. De esta forma, lograremos desarrollar y profundizar en el conocimiento de cómo funcionamos, y averiguar lo que da sentido a nuestra vida.

Hay practicantes con distintas capacidades según su nivel de comprensión. En general, los más experimentados han conseguido integrar los puntos esenciales de la enseñanza de Buda, el Dharma, y conocen exactamente los requisitos para alcanzar la meta - el despertar -. Los practicantes con menos experiencia pueden comprender mejor el Dharma mediante el estudio y la reflexión de los puntos esenciales. Además, gracias a la práctica meditativa su comprensión se clarificará, lo que a su vez será una ayuda para avanzar en el camino.

Los principiantes que carecen de un entrenamiento en la práctica pueden encontrar difícil considerar estos puntos esenciales. Sin embargo, tratar de comprenderlos en la medida de lo posible será más útil que rechazarlos. Es más, la comprensión adquirida puede ofrecer una perspectiva nueva que poco a poco les oriente hacia la práctica meditativa. Incluso para alguien que no quiera recorrer este camino, conocer estos puntos esenciales puede resultarle útil para la vida cotidiana.

El Buda enseñó el Dharma para que todos los seres sintientes se liberen del sufrimiento y realicen la verda-

---

1 Gampopa Sonam Rinchen (2009). *El Precioso Ornamento de la Liberación.* Ed. Chäbsol.

dera naturaleza de la mente, que culmina con el completo despertar. Las enseñanzas, con su amplitud y profundidad, nos ayudan a avanzar paso a paso, manteniendo la dirección adecuada en el progreso hacia el despertar. De lo contrario, el camino hacia el despertar nos puede parecer una meta más allá de nuestro alcance, al igual que caminar por el desierto, por donde podemos continuar andando, pero sin ningún objetivo a la vista. Las enseñanzas del Dharma a menudo parecen simples y fáciles de entender, pero para llegar a integrar su esencia se requiere cierta capacitación y una práctica regular. Como ocurre en el desierto, hay mucho más de lo que parece a simple vista.

Cuando escuchamos las enseñanzas, no siempre accedemos al significado preciso de forma inmediata. A menudo, no somos ni conscientes de nuestras carencias de comprensión por la falta de familiaridad con el tema, sin darnos cuenta siquiera de que nos estamos perdiendo algo. Este proceso de escuchar, limitándonos a adoptar sólo lo que entendemos y creyendo erróneamente que lo comprendemos todo, ocurre de manera natural. Simplemente hay que tener en cuenta que esto puede suceder.

La capacidad de impregnarnos de la enseñanza del Dharma dependerá fundamentalmente de nuestro grado de comprensión. Una verdadera comprensión del significado de la enseñanza se traducirá en un firme compromiso con el proceso de lograr mayor claridad mental, lo que en última instancia conduce al despertar. En general, los principiantes asisten a las enseñanzas y se van con la sensación de haber aprendido algunos métodos, pero se quedan a menudo atrapados en los aspectos técnicos de las prácticas, en lugar de tomarse el tiempo necesario para reconocer su significado profundo. Como consecuencia, desarrollarán expectativas inadecuadas y poco realistas, provocando que pasen inadvertidos los pequeños logros y los resultados positivos producto de la práctica. Asimismo, considerarán el despertar como una meta inalcanzable o muy alejada de su situación actual, desanimándose y abandonando eventualmente la práctica. Por este motivo, es fundamental que dediquemos el tiempo necesario a la comprensión del significado de las enseñanzas y que ajustemos nuestras expectativas al respecto.

Los practicantes experimentados, por el contrario, comprenden la esencia de las enseñanzas, pueden apreciar los avances graduales y beneficiarse así en su vida diaria. Confían plenamente en la eficacia de los métodos que aporta el Dharma al tiempo que reconocen la grandeza de su misión. Saben que nadie les puede regalar el despertar. El reto es muy distinto al de aprobar los exámenes y conseguir un diploma. El despertar se produce en el interior de nuestra mente y se obtiene a través nuestra propia práctica. Un practicante experimentado además es capaz de apreciar el valor de sus progresos porque conducen a una mente más clara y en calma, es decir, con más capacidad de comprensión, menos sufrimiento y en la cual las emociones perturbadoras tienen menor intensidad. Es una mente adiestrada para comprender las condiciones en las que los seres nos vemos atrapados, y para reconocer la oportunidad que tenemos de desarrollar ilimitadamente nuestro potencial interno de amor y compasión ayudando a los demás. Al participar en acciones altruistas, acumulamos méritos que nos proporcionarán la fuerza y el apoyo necesarios en nuestra práctica y en nuestra vida cotidiana. Todos estos factores son interdependientes y favorecen que el practicante prospere en el camino al despertar.

En este libro se exponen los puntos esenciales del Dharma, para que podamos vincularnos efectivamente con su significado profundo. En particular, se clarificará el sentido de algunos términos específicos del budismo tibetano y de la práctica meditativa correspondiente. Es importante tener en cuenta que alcanzar una "verdadera comprensión" puede tomar tiempo. Lograremos profundizar en la comprensión, mediante un proceso gradual de familiarización, aplicación, introspección y práctica. Recorriendo paso a paso este camino de sabiduría, nuestra mente entrará en sintonía de forma natural con el sentido auténtico del Dharma.

Capítulo 2. La Preparación

El camino de la sabiduría comienza con la toma de Refugio. El refugio es un cielo seguro en el que estamos protegidos de caminos erróneos[2], ideas equivocadas y acciones negativas. Tomamos refugio en el Buda, el Dharma y la Sangha, desde este momento hasta el despertar. A estos tres aspectos del refugio se les llama "las Tres Joyas".

Tomar refugio en el Buda significa establecer un vínculo con las cualidades excepcionales desarrolladas por el Buda Sakhyamuni. El Dharma incluye todas sus enseñanzas y métodos para desarrollar estas cualidades del despertar. Necesitamos a alguien que nos enseñe el

---

2   Los términos "erróneo", "nocivo", "negativo" o "no virtuoso", en el contexto particular del budismo, hacen referencia a aquello que genera sufrimiento o que no nos lleva al despertar. Por el contrario, los términos "correcto", "beneficioso", "positivo" o "virtuoso" describen todo aquello que nos libera del sufrimiento y nos dirige al despertar.

Dharma, una persona que, gracias a su propio esfuerzo, haya recorrido el camino con éxito. Dicho de otro modo, una persona que ha aprendido las enseñanzas, las ha puesto en práctica y ha obtenido sus frutos. Se trata, por tanto, de alguien avanzado en el camino. Puede que todavía no haya logrado la completa realización de un Buda; sin embargo, debe haber perfeccionado ciertas cualidades para poder transmitirlas a los demás. Se trata de un amigo espiritual realizado y un maestro cualificado en quien podamos confiar para que nos transmita su conocimiento y habilidades. De este modo, tomamos refugio en esta y otras personas similares que denominamos "la Sangha extraordinaria". El término *Sangha*[3] significa "el conjunto de aquellos con aspiraciones virtuosas". En general hay dos tipos de *Sangha*: la ordinaria y la extraordinaria. La *Sangha* ordinaria hace referencia al conjunto de profesores budistas que explican y transmiten las enseñanzas. También podemos llamar *Sangha* a un grupo de practicantes del Dharma. No obstante, como ya se ha indicado, será en la Sangha extraordinaria en la que busquemos refugio.

Comenzamos con el significado básico del refugio, que representa una protección. A medida que aumentan con la práctica nuestro conocimiento y nuestra comprensión, llegaremos a apreciar un significado más amplio y más profundo del Refugio. Pero primero tenemos que prepararnos. ¿Y qué significa prepararse en este contexto? Se trata de escuchar, reflexionar e integrar[4]

---

3 *Guendün* en tibetano.

4 Los tres aspectos escucha, reflexión e integración, cuyos términos tibetanos son *tö, sam* y *gom,* se pueden traducir también como estudio, contemplación y meditación.

las enseñanzas. Para escuchar las enseñanzas, podemos aprender de los profesores budistas que nos transmitirán gran cantidad de información y explicaciones sobre el Dharma, así como leer textos escritos. Una vez hayamos escuchado las enseñanzas, reflexionaremos sobre ellas y las integraremos en nuestra forma de pensar hasta alcanzar una comprensión más profunda de su significado. ¿Y para qué nos preparamos de este modo? El objetivo de todas las enseñanzas del Dharma es el despertar de nuestra mente, y nada más. Entonces se podrá decir que hemos alcanzado el despertar o el estado de Buda; términos que a menudo pueden ser fuente de confusión. En realidad, el despertar no puede limitarse a términos y conceptos. Hablamos del despertar pero, de momento, no es más que la proyección de una idea y carecemos de la claridad necesaria para captar su verdadero significado. El despertar denota una mente clara y estable, libre de ignorancia o desconocimiento. Este estado de la mente se denomina "Buda" en sánscrito y *Sangye* en tibetano. *Sang* significa completamente claro, puro y libre de todo oscurecimiento. *Gye* hace referencia al conocimiento en toda su plenitud, a la omnisciencia. Se trata, por tanto, de un estado libre de ignorancia, sin nociones preconcebidas o rígidas, donde la mente es capaz de conocer clara y completamente.

La mente despierta es, por tanto, un estado de total claridad, sin velos o ignorancia alguna. El término "claridad" se puede malinterpretar, ya que en este contexto no se refiere a la claridad de la luz. Disipar los velos de la mente tampoco implica rechazar las cosas favorables; no necesitamos apartar los sentimientos positivos, las apariencias agradables, etcétera, puesto que forman parte de nuestra vida cotidiana, de una manera de vivir, aunque no constituyan nuestro principal objetivo en la vida. La claridad de la mente proviene de la misma mente. No podemos encontrarla en ninguna otra parte y nadie nos la puede conceder. En última instancia, la claridad se revelará por sí misma; he ahí el significado de *sangye*. Toda tentativa de explicarlo se verá limitada por las palabras, de modo que su significado más profundo debe ser experimentado personalmente.

Si seguimos con regularidad una práctica meditativa adecuada, ganaremos en apertura y claridad. Una mente abierta nos lleva a adquirir aún mayor apertura. Sin embargo, mientras que la mente no muestre la suficiente claridad, hará falta tiempo para que los resultados sean visibles. Es el caso de algunas personas que han recibido una buena educación y han adquirido amplitud de conocimientos. Su experiencia les muestra que cuanto más conocen, más cuenta se dan de que no saben y siguen por tanto investigando. Cuando creemos que no hay más que aprender es cuando dejamos de buscar. A fin y al cabo, ha sido nuestro deseo de conocer nuestra verdadera naturaleza lo que nos ha conducido al Dharma. Cuanto más comprendamos nuestra mente, mayor claridad tendremos. Una vez alcanzado cierto nivel de realización, ya no necesitaremos tantas explicaciones y en todo detalle. Pero para llegar a dicho estado, necesitamos antes analizar y cuestionarnos los detalles con el fin de ser más precisos en nuestra comprensión. Cuando se conoce y se absorbe el significado auténtico del Dharma, todo está claro.

Como ya se ha dicho, el objetivo último de cualquier practicante budista es alcanzar un estado de perfecta claridad o budeidad. Es fundamental que nos centremos en este objetivo: intentamos tener la claridad necesaria para dirigirnos correctamente hacia nuestra meta. Y esto conlleva poner en práctica las enseñanzas que nos ayudan a lograr mayor claridad. Lo contrario a esta claridad será la confusión, cuya raíz es la ignorancia[5]. En ese estado de ignorancia o desconocimiento, creemos que sabemos, cuando en realidad no es así. La ignorancia no denota estupidez, sino la ausencia de claridad en la comprensión del funcionamiento de las cosas. La ignorancia es similar a la experiencia de no ser capaz de ver más allá, porque tenemos un muro delante. Cuando hay claridad en la mente, no hay nada que obstaculice nuestra visión. En el estado de budeidad, no hay bloqueo, obstáculos ni velos mentales. La mente está clara y es capaz de percibir sin límite alguno. Nos resulta difícil imaginarlo, porque nos vemos limitados por nuestro cuerpo y nuestro mundo físico, pero la verdadera naturaleza de la mente es completa claridad. Algo que debemos recordar continuamente para familiarizarnos con esta realidad. De lo contrario, se olvida este aspecto de claridad de la mente y volvemos a caer en nuestra forma habitual de funcionar.

Es fundamental la forma de relacionarnos con las enseñanzas del Dharma y de aplicarlas en nuestra vida cotidiana. A los principiantes les puede resultar difícil de entender, porque su objetivo no es necesariamente el despertar. También nos encontramos con personas que no tienen claro lo que están buscando. Puede que quieran, por ejemplo, entender mejor la vida. Pero busquen

---

5 Se trata de *marikpa*, en fonética tibetana, o *avidya,* en sánscrito, a menudo traducido por "ignorancia". No obstante, en el contexto budista, esta palabra no se refiere a una carencia intelectual o a una falta de conocimiento ordinario sino que se trata más bien de un error fundamental de interpretación de la realidad.

lo que busquen, necesitarán las enseñanzas. Cuando nos vinculamos con el Dharma, ocurre lo mismo que cuando compramos una casa. Al principio puede que no nos interese tener un jardín; sin embargo, una vez cómodamente instalados en la casa, empezaremos a pensar en tener un bonito jardín, etcétera. Lo mismo ocurre cuando nos relacionamos al principio con el Dharma. Puede que nuestro objetivo consista en que se resuelvan nuestros problemas o en ser más productivos en la vida. En cualquier caso, seleccionaremos lo que más nos conviene de las enseñanzas y las intentaremos aplicar a las situaciones de nuestra vida. Sea cual sea nuestra motivación inicial, persistirá la sensación de que nos falta algo, por lo que seguiremos buscando más en profundidad. Por ese motivo, es importante tener una mente abierta y tratar de no restringir nuestra visión. No es lo más aconsejable el recurrir a las enseñanzas solamente cuando tenemos un problema y olvidarnos de ellas cuando el problema se resuelve. Nos comenzaremos a abrir paulatinamente, escuchando cada vez más enseñanzas y poniéndolas en práctica de forma continua. Así, progresivamente, tendremos más claridad sobre nosotros mismos, nuestra capacidad de comprensión aumentará y podremos beneficiar también a los demás. De este modo, se reforzará nuestra convicción de que el despertar es muy importante para nosotros. Paulatinamente descubriremos que nuestros actos en la vida cotidiana están cada vez más de acuerdo con el Dharma. Sin embargo, la mayoría de las personas no poseen esta aspiración del despertar. De modo que los maestros, conscientes de la variedad de motivaciones de las personas, tratan de enseñar aspectos esenciales que resulten útiles a corto y largo plazo.

Hasta ahora nos hemos acostumbrado a nuestra forma habitual de pensar, a mirarnos a nosotros mismos y a buscar nuestro propio beneficio. Es una forma de funcionar cómoda y normal para todos nosotros. Pero cuando se nos pide que ampliemos nuestro horizonte, nos damos cuenta de que fácilmente nos topamos con limitaciones. Nuestras ideas y actitudes son un tanto estrechas y parciales. Cuando deseamos algo, ponemos todo en marcha para lograrlo. Hemos funcionado siempre de esta manera: constantemente orientados a conseguir resultados, uno tras otro. Sin embargo, para alcanzar el despertar o un estado de claridad de la mente el procedimiento es muy distinto. No vamos a obtener un resultado fijo y determinado sino que el camino al despertar abarca un amplio conocimiento e innumerables cualidades. Cada uno de nosotros debe intentar desarrollar progresivamente una mente con más capacidad de comprensión y mayor claridad.

No hace falta insistir en que todo va a depender de nuestro propio esfuerzo. Una vez escuchemos las enseñanzas con apertura, nos debemos detener a reflexionar sobre su significado. Y las comprenderemos gracias a la introspección. De este modo, nuestras expectativas sobre la práctica meditativa y nuestra vida cotidiana cambiarán ligeramente. Estas expectativas no supondrán un obstáculo sino que nos van a conducir hacia una comprensión más profunda, y por ende, hacia una mayor claridad, que nos permitirá experimentar la vida y la práctica de manera diferente, a condición de que nos tomemos el tiempo necesario para integrar las enseñanzas. Se trata de un proceso continuo y gradual de escucha, reflexión e integración que nos prepara para el objetivo último del despertar.

Capítulo 3. Comprender cómo funcionamos

Yeshe es un término tibetano que significa sabiduría, una sabiduría que no ha sido elaborada, libre de discriminación y de juicios. Consiste en ver con claridad sin ningún tipo de bloqueo ni límites. Vivir conforme al Dharma significa vivir sin aferrarse ni rechazar. Habitualmente funcionamos conforme a nuestra capacidad actual, pero podemos, no obstante, hacer lo posible para vivir más conectados a esta sabiduría.

Cuando examinamos las situaciones que aparecen en nuestra vida, surgen muchas preguntas. Pero se van aclarando a medida que aplicamos el Dharma. Dicho de otro modo, juntamos las dos partes; la primera son las enseñanzas y explicaciones del Dharma, que nos enseñan cómo son las cosas y cómo somos nosotros. La segunda parte está compuesta por las situaciones que vivimos, lo que nos ocurre actualmente en la vida. Vamos a combinar estas dos partes. Analizamos cada circunstancia, dificultad o situación en nuestra propia vida y determinamos si lo que el Dharma nos indica es cierto o no. ¿Se aplican a nuestra realidad las ideas y conceptos que contiene el Dharma? ¿Qué significado adquieren en nuestras circunstancias particulares? Al hacer este análisis, lo que hacemos básicamente es relacionar el significado del Dharma con nuestra propia vida. Como resultado, comprenderemos mejor las enseñanzas y nuestro funcionamiento. En la búsqueda de soluciones a nuestros problemas siempre tenemos la oportunidad de ganar más claridad. No obstante, cuando se nos presenta una explicación de algo, si tratamos de entenderlo de inmediato, no podemos acceder a tal claridad. Hay que dedicar el tiempo suficiente a revisar y analizar el sentido de la enseñanza como es debido, antes de lograr una comprensión auténtica de la misma.

Los oscurecimientos

Es importante saber que nuestra percepción está teñida por las impresiones kármicas que tienen sus raíces en la ignorancia. En otras palabras, nuestra visión del mundo y nuestro conocimiento están contaminados o distorsionados. Pero ¿de qué manera las impresiones kármicas distorsionan la mente? Los resultados del karma dan lugar a los oscurecimientos de la mente que actúan como velos que cubren, deforman y contaminan nuestra percepción. Como consecuencia, no reconocemos nuestra verdadera naturaleza, ni la de los fenómenos en general.

En el contexto del Dharma, los oscurecimientos, causas del sufrimiento de los seres sintientes[6], se han clasificado en tres categorías:

- Los oscurecimientos causados por las tendencias habituales;
- los oscurecimientos causados por el conocimiento conceptual o conceptos preconcebidos y establecidos;
- los oscurecimientos causados por las emociones perturbadoras o *nyönmong*[7]

La naturaleza de la mente se ve oscurecida por nuestras tendencias habituales. En las enseñanzas se explica que los hábitos se forman también en las vidas anteriores, aunque resulta más fácil observar su origen en la vida actual. Nuestra educación representa un buen ejemplo de ello. Muchos de los valores y costumbres que hemos adquirido durante los años de formación constituyen nuestros hábitos actuales.

Todos los seres compartimos un modo de funcionamiento similar: creemos en lo que conocemos y percibimos, estamos convencidos de su veracidad y, al mismo tiempo, esto nos limita. En el momento que algo contradice nuestros postulados, no podemos aceptarlo inmediatamente y tendemos a rechazarlo. Dicho de otro modo, nuestra mente se va a ver limitada por lo que ya

---

6   El término tibetano para los seres sintientes o sensibles es *semchen* que significa dotado de mente o conciencia.

7   *Nyönmong* en tibetano, *Klesha* en sánscrito. Se traduce de distintas formas: emociones perturbadoras, aflicciones, pasiones, etcétera. En definitiva se refiere a cualquier factor mental que produce un efecto perturbador en la mente (por ejemplo, cólera, celos, deseo, orgullo). En este libro se utilizarán los términos "emociones" y "aflicciones".

conocemos. Este es un proceso natural, propio de la naturaleza humana. En realidad no sólo de los seres humanos, sino también de todos los seres, que viven una existencia ilusoria y condicionada[8] como si fuese real. No podemos decir que nuestra forma de ser es buena o mala, simplemente porque nuestra capacidad se encuentre bloqueada. Si estamos instalados en nuestros hábitos, tendemos a rechazar aquello que es diferente. Igualmente, una vez que adquirimos conocimiento de algo, dejamos de cuestionarlo. Lo aceptamos como algo real en lugar de ver su naturaleza ilusoria. Si logramos entender que nuestras tendencias no son ni buenas ni malas en sí mismas, pese a que sea importante trabajarlas, dispondremos de más espacio para manejarlas y poder así modificarlas o ajustarlas. De hecho, experimentaremos mayor libertad, la liberación de nuestra mente. Intentamos comprender aspectos de nuestras circunstancias, sin aferrarnos ni quedar atrapados por ellas. Tampoco las rechazamos. Este es el punto de visión privilegiado, que nos permitirá igualmente comprender también a los demás: este es nuestro objetivo principal a nivel relativo[9].

No hay nada de extraordinario en el proceso de reflexionar sobre las enseñanzas y relacionarlas con nuestra vida cotidiana, pero es importante hacerlo. Si queremos resultados, el Dharma debe ser parte de nuestro funcionamiento diario, con tranquilidad y naturalidad,

---

8 La existencia ilusoria y condicionada se conoce también como el *samsara*.

9 En este contexto, relativo se refiere a la experiencia actual que tenemos del mundo, el mundo de los fenómenos, en contraposición a la experiencia última o absoluta de una mente despierta, de la verdadera naturaleza de la mente y de los fenómenos.

sin buscar nada especial. Podemos aplicar la visión del Dharma a cualquier circunstancia que ocurra en el transcurso del día. Todas las situaciones que aparezcan resultarán significativas si las utilizamos para entender con más claridad el significado exacto de las instrucciones esenciales del Dharma. De este modo, nuestra comprensión progresivamente será más profunda.

La comprensión adquirida fruto de la experiencia directa se mantendrá viva. El problema es que no accedemos a la visión real de las cosas debido a la influencia de nuestra percepción distorsionada. Por ese motivo, necesitamos ser conscientes de nuestras tendencias o hábitos que constantemente condicionan nuestra forma de pensar y, por ende, de sentir y actuar. Los conceptos adquiridos a través de la socialización, por el simple hecho de vivir en este mundo, van a ejercer un poder semejante sobre nosotros. Incluso las emociones, cómo nos sentimos y reaccionamos, a menudo, es de manera automática y forma parte de nuestras tendencias. Pensamos que simplemente somos así, sin prestar atención alguna a nuestros hábitos y, como consecuencia, no tenemos una visión real. A pesar de que creemos que esto es normal, tenemos la sensación de que nuestra vida es superficial. En realidad, no se trata de pensar que lo hacemos mal y que nuestra vida es fútil, sino de intentar analizar las situaciones que afrontamos con mayor precisión, en lugar de dejarnos llevar por las tendencias habituales. Examinando nuestra vida con más atención y aplicando el Dharma, paulatinamente, comprenderemos mejor el funcionamiento de las cosas, y entonces podremos abordarlas libres de la influencia de nuestras tendencias.

Tomemos como ejemplo un paseo por un campo repleto de variedad de plantas y flores de distintos colores y formas. Si observamos nuestro diálogo interno, nos podemos encontrar con pensamientos tales como: *"Esta planta está bien, esta no; esta flor es bonita, esta no"*. Cuando no somos conscientes de nuestro funcionamiento, es lógico que continuemos pensando de esta manera. Llenos de juicios menores que van a ocupar nuestro espacio mental. Estos juicios provienen de nociones aprendidas y de tendencias pasadas. A veces derivan de las opiniones de otras personas que quizás un día escuchamos, nos gustaron y entonces las adoptamos. Estos conceptos igualmente se basan en lo que se considera aceptable o no por la gran mayoría. Por tanto, deberíamos tratar de analizar con más profundidad estos valores y convenciones sociales. Juzgamos las cosas como buenas o malas en función de lo que nos hemos acostumbrado en la sociedad en la que vivimos, y de la cual formamos parte. Por ejemplo, nos dicen que el diente de león no es más que una mala hierba común, mientras que la orquídea es una flor excepcional y delicada. Si lo escuchamos repetidas veces, opinaremos de este modo también. No obstante, si observamos las cosas por nosotros mismos, sin influencias externas y tratando de obtener una perspectiva nueva, la realidad se percibe de otra manera.

La mayor parte de nuestro pensamiento está determinado por nuestras tendencias. Nos sentiremos felices o no en función de la interpretación que hagamos de nuestras circunstancias. Por tanto, resulta crucial liberarnos de las tendencias. Si no hay apego, la mente permanecerá estable. De este modo, daremos un paseo por el campo mirando a nuestro alrededor y, si permanecemos en el momento presente con una mente fresca, veremos todo con más claridad y sin limitaciones. Nos daremos cuenta entonces de que nuestras opiniones y juicios no tienen mayor importancia. Lo esencial es adquirir claridad mental y ver las cosas tal cual son; ésta es una cualidad inherente a la mente. Elegiremos entonces abordar las situaciones tal y como son, con una conciencia clara, porque disponemos de esa capacidad.

Nuestra vida es muy similar al ejemplo de pasear por el campo. Tenemos la impresión de afrontar innumerables situaciones y complicaciones, pero si miramos más en profundidad, veremos que nada es en realidad tan difícil ni tan pesado. Es más bien el peso de nuestros hábitos, las opiniones y los pensamientos que atribuimos a cada situación lo que nos complica, o incluso a veces nos desborda. Pero si contemplamos realmente nuestras circunstancias, nos daremos cuenta de que, a fin de cuentas, no hay razones para estresarse. Hasta las situaciones que nos parecen importantes, en realidad, no son tan difíciles de manejar como pensamos. Si nos inclinamos demasiado en una dirección, o si nos centramos en algo en exceso, nos desequilibramos y perdemos la perspectiva. Por esto es aconsejable que, aunque hagamos uso de nuestras habilidades, recordemos mantener siempre la distancia o el espacio necesarios para tener una perspectiva más amplia. Entonces la mente se mantendrá abierta y fresca, con pensamientos nuevos y con la sabiduría capaz de entender fácilmente cualquier situación. En la medida en que seamos capaces de mantener esta forma de funcionamiento alternativa - al margen de los oscurecimientos causados por nuestros conceptos, tendencias y aflicciones, sean buenas o malas - cultivaremos tal claridad que podremos afrontar cualquier situación.

Como se ha explicado previamente hay dos aspectos: las enseñanzas y nuestra situación. Y nosotros nos encontramos entre ambos - entre lo que el Dharma, las enseñanzas de Buda, nos dice y la forma habitual de funcionar a la que estamos acostumbrados. Por lo general, pensamos que las enseñanzas son perfectas, mientras que nuestra vida no es tan fácil ni perfecta. Por mucho que tratamos de llegar a esa perfección fracasamos. Quizás intentamos ser lo más perfectos que podemos durante unas horas, pero no conseguimos mantenernos así a lo largo del tiempo: este es nuestro proceder habitual. Pero si aplicamos las enseñanzas, reflexionando e integrándolas en lo que somos, lo podremos lograr. Comenzamos reflexionando de esta manera: *"¿Qué me están diciendo realmente las enseñanzas? ¿Qué tengo que hacer en esta situación de mi vida?"*. La claridad mental proviene del hecho de relacionar las enseñanzas con nuestra vida, y no sólo recordando las palabras, sino aplicándolas a la situación concreta. Y afrontaremos las circunstancias que nos encontremos con más discernimiento.

Las emociones

Las emociones son estados de la mente. No se trata de suprimirlas ni de alimentarlas, sino de comprenderlas. El limitarnos a comprenderlas nos facilitará enormemente la vida, así como la relación con otras personas. Además reforzará nuestro vínculo con el Dharma. Por el contrario, cuando no comprendemos nuestras emociones, todo se complica y nos volvemos críticos con los demás y con nosotros mismos. Siempre hay que volver a la mente, porque esta es la clave de todo; de hecho, todas las enseñanzas budistas convergen en este punto. Una comprensión real de las condiciones de nuestra mente nos va a permitir ver las cosas tal cual son. Por ejemplo, hoy consideramos un dolor de muelas como real y no precisamente como una ilusión. Pero una vez conozcamos la verdadera naturaleza de la mente, experimentaremos el dolor como algo irreal. Las emociones, aunque nos sean familiares, nos resultan molestas, porque les hemos adjudicado todo tipo de connotaciones, tratando siempre de conservar las sensaciones agradables y de alejarnos de las desagradables. Aunque este funcionamiento sea normal y no haya nada de malo en ello, hay que tener en cuenta que no podemos deshacernos de las emociones negativas, puesto que no se diferencian de la mente, no son sino mente.

Nos podemos preguntar: *¿qué hacemos entonces?* Todo el mundo ha experimentado en algún momento emociones negativas: ira, envidia, tristeza, orgullo y muchas más. Creemos equivocadamente que si nos pudiéramos deshacer de ellas todo iría bien. Sin embargo, no se trata de eso, sino de analizar el origen de estas emociones: la causa de la ira, la causa de los celos, la causa del apego, la causa del orgullo y la causa de las expectativas. Dado que las emociones son parte de nuestra mente, la única salida es reconocer la verdadera naturaleza de la mente. Entonces veremos que las emociones negativas no tienen sentido y se disolverán por sí solas. Aunque el proceso de reconocer la naturaleza de la mente no sea fácil y requiera mucho tiempo, no debemos desanimarnos. Las enseñanzas nos enseñan a ser siempre conscientes de las situaciones y de los estados mentales que las acompañan. La práctica consiste en observar nuestra mente y ver hacia donde se orienta. El proceso siempre es el mismo: estamos llenos de deseos y expectativas que, cuando no se cumplen, derivan en emociones negativas. Es fundamental, por tanto, entender este funcionamiento básico en nosotros mismos y en los demás. A principio, la forma de trabajar con las emociones, consiste simplemente en observarlas, sin tratar de desprendernos de nada.

Una mente agitada o inestable favorece la aparición de emociones. Estamos tan acostumbrados a nuestro proceso emocional que es difícil guardar la distancia que nos permita ver la emoción tal y como es realmente. Cada vez que experimentamos algún tipo de contrariedad, como ira, tristeza o depresión leve, podemos utilizarla como material para practicar. Es decir, cuando la mente está turbada nos servimos de ella para confirmar las enseñanzas. Esto nos proporcionará la oportunidad de experimentar su verdadero sentido, más allá de las palabras o de una mera comprensión conceptual.

Al principio resultará más fácil examinar las emociones que sean menos intensas. Así por ejemplo, cuando nos sintamos un poco desdichados, trataremos de observar cómo la mente se identifica con la emoción. Y al preguntamos, *¿cuál es la causa de mi infelicidad?, ¿será el orgullo, el apego, la ignorancia o la cólera?,* intentaremos respondernos con honestidad y precisión, porque con mucha frecuencia nos justificamos diciéndonos: *"soy infeliz por culpa de esto o aquello".* Pero si observamos honestamente la verdadera fuente de nuestra desdicha, conseguiremos una mayor introspección sobre la verdadera causa, o *denpa* en tibetano.

Denpa se refiere a la verdad tal cual es, desprovista de pretextos y concesiones. *Denpa* señala la verdadera condición de la mente. Nuestra mente ordinaria tiene tendencia a desviarse de lo que ocurre, dificultando así que abordemos las situaciones directamente. En realidad, bastaría con observar la situación, sin añadirle sentimientos. Pero tendemos a buscar que ocurra algo significativo. Vivimos constantemente con expectativas de algún resultado, de forma que nos resulta bastante ajeno mirar las cosas de manera incondicional y sin ningún propósito concreto. Debemos aprender a contemplar lo que hay. Cuando lo hacemos, evitamos intentar conseguir un resultado mejor. Ya no tenemos ni el deseo de obtener algo ni expectativa alguna.

Hay un ejemplo que nos puede ayudar a entenderlo: estamos paseando y nos caemos al suelo. Buscamos la razón de nuestra caída y nos preguntamos: *¿serán los zapatos, el camino o nuestra forma de caminar?* Hay que limitarse a observar simplemente sin juicios ni ideas preconcebidas. Observamos del mismo modo las perturbaciones de la mente: sin pretender resolver el problema, sino simplemente percatándonos de los estados mentales que generaron al principio la perturbación. Y la respuesta exacta aparecerá por sí misma. Ciertamente resulta difícil de hacer. Pero si continuamos intentando observar, tal como se ha descrito, con el tiempo veremos todo con más claridad. Poco a poco adquiriremos lo que se llama *ngepa* en tibetano, que significa certeza: la lucidez necesaria para trabajar con nosotros mismos. Pese a que la idea puede parecer sencilla, cuando intentamos ponerla en práctica, surge la confusión, fruto de nuestros estados y circunstancias emocionales. Sin embargo, tenemos que aprender a trabajarlas mediante la práctica meditativa y las instrucciones.

El Dharma muestra la verdadera naturaleza de la

mente y de todos los fenómenos. Su comprensión intelectual no es suficiente. Necesitamos experimentar "*denpa*" o la "verdad" que apunta a la verdadera naturaleza de la mente y de todos los fenómenos que constituyen nuestra existencia. Sin vacilación, tratamos de comprender la naturaleza de la mente y de las emociones que aparecen. Y no porque alguien nos ha dicho que lo hagamos, sino porque simplemente queremos experimentar la verdad que subyace en todas las cosas.

Tomemos como ejemplo nuestra situación *samsárica*, que se caracteriza por una amalgama de felicidad y sufrimiento. Mientras continuamos buscando la felicidad como acostumbramos, podemos también dedicar un tiempo para la práctica meditativa, para obtener claridad y calma mental. Tener claridad mental puede beneficiarnos doblemente: por un lado, con una mayor implicación en la tarea que llevemos a cabo y, por otro, con una visión más lúcida de lo que hacemos. Lo esencial es observarnos de cerca en todo momento: practicando, trabajando, atravesando momentos duros, disfrutando de momentos de placer, etcétera. Este entrenamiento va a permitir que nuestra conciencia se separe del funcionamiento ordinario en la vida. El término "separarse" en este contexto se refiere a la capacidad de observar lo que ocurre en nuestra mente en un momento dado, bien sea alegría o pena, como si de una película se tratase. Cuando conseguimos crear esta separación, aun si nos sentimos tremendamente turbados, comprenderemos que de algún modo todo está bien. Aunque pueda parecernos extraño verlo de esta manera, es una instrucción esencial y debemos experimentarlo personalmente. Si de momento resulta complicado de entender, podemos retenerlo como una información útil para el futuro.

Cada vez que nos sintamos perdidos en el proceso de averiguar la naturaleza de las cosas, recurrimos a las enseñanzas para aclararnos y orientarnos. En nuestra vida diaria, cuando estamos confusos sobre algo, buscamos una explicación y la encontramos. Pero cuando analizamos las emociones, queremos verlas simplemente por lo que son. Si miramos la situación concreta en la que nos encontramos, descubriremos que es consecuencia de la importancia que nos otorgamos. Por ejemplo, nos hemos roto el brazo y nos resulta muy doloroso. Si nos fijamos, veremos que nos hemos identificado con el brazo. El brazo soy yo. Incluso aunque nos digamos que el dolor no es más que una mera ilusión, no podemos dejarlo estar sino que tenemos que atenderlo. Otra forma alternativa de experimentar esta situación es reconociendo la separación entre el brazo y la mente. De este modo resultará mucho más fácil afrontar el dolor con el que la mente ha dejado de identificarse. Así seremos conscientes de que nos hemos roto el brazo, de las causas y de las circunstancias resultantes. Lo esencial de este tipo de análisis es arrojar claridad mediante la desidentificación de la mente con el brazo. Como consecuencia, la experiencia de dolor será distinta y también la visión de nuestra mente. Sin este tipo de planteamiento, no hay separación entre la mente y el dolor, con lo cual experimentamos confusión y sufrimiento. Tenemos así dos maneras distintas de experimentar internamente el mismo acontecimiento; en este caso, la rotura de un brazo. Podemos aplicar este proceso a cualquier fenómeno externo, así como a sentimientos y emociones internas. En primer lugar, trataremos de observar cómo nos identificamos con ellos puesto que, si no fuera así, no entrarían en contacto con nuestra mente. Al mantener cierta distancia de nuestros pensamientos y de nuestras acciones, nos será más fácil estar en armonía con la mente y sus movimientos. El hecho de "no identificarnos" con nuestros pensamientos y acciones no significa indiferencia, ni que no nos importe nada de lo que ocurra. Mientras permanezcamos en el ciclo de existencias, debemos prestar atención a todo lo que hacemos. Se trata de estar atentos a nuestros estados emocionales y a sus causas también en las situaciones cotidianas. Gracias a esta observación y a esta conciencia de nuestro funcionamiento diario, aumentarán nuestra capacidad de comprensión y nuestra lucidez.

Tenemos el hábito de percibir las situaciones con parcialidad, pero debemos aprender más bien a discernir entre lo que tiene y lo que no tiene valor en nuestra vida. Esto no quiere decir que estar ocupados y activos, y no perder el tiempo, sea perjudicial. Recordemos que estamos vinculados a nuestras costumbres, nuestra historia y nuestra cultura, que son nuestras circunstancias relativas. No hay nada que añadir a la mente, ni nada que rechazar. Aceptamos cualquier situación o estado mental que experimentemos, nos mantenemos en un estado de cierto desapego y nos damos cuenta. Todo esto es también una preparación para la meditación. Meditar significa darse cuenta y no distraerse con los pensamientos. Al principio, es difícil no distraernos por los pensamientos en nuestra vida diaria. Estos tienen demasiada fuerza por el momento. Aun así, debemos intentar ser conscientes siempre que podamos y adoptar una visión distinta a la habitual. A menudo, nos encontramos con falta de tiempo para dedicarnos a ser más conscientes o a ver las cosas de manera diferente, o simplemente no sabemos hacerlo. Puede que no estemos lo suficientemente interesados o motivados para hacerlo.

Quizás también nos sintamos abrumados por el exceso de información y no podamos elegir el mejor método para nosotros. Aunque es comprensible que esto nos ocurra, la realidad no es en absoluto tan confusa.

En realidad, podemos aplicar actitud vigilante y sin presión, en cualquier situación durante nuestra práctica, nuestra escucha de las enseñanzas y, en general, en todas las circunstancias de nuestra vida cotidiana. Y no tenemos que forzarnos. Basta con ser conscientes de lo que ocurre, sin ideas preconcebidas, para que veamos todo con más claridad. Si no somos capaces de practicarlo constantemente, podemos al menos intentarlo de vez en cuando. Cuanto más nos entrenemos en ello, más fácil nos resultará. Hemos de entender que es importante este estado de atención, porque nos va a preparar para la práctica meditativa. En resumen, para poder tener la experiencia necesitamos entrenarnos en esta forma de visión clara.

Capítulo 4. Las Cuatro Contemplaciones esenciales

En general, cualquier práctica de meditación comienza con lo que se denominan "las prácticas preliminares". Estas sirven de soporte y preparación para profundizar en la meditación. La "Contemplación de los Cuatro Conceptos Esenciales" es una práctica preliminar indispensable, ya que va a intervenir directamente en las elecciones que hagamos en nuestra vida. Brevemente, la práctica de las cuatro contemplaciones esenciales consiste en:

- Contemplar la valiosa existencia humana.
- Contemplar la impermanencia.
- Contemplar el karma.
- Contemplar el resultado del karma: el sufrimiento.

Estos conceptos pueden parecen simples y sencillos a primera vista. Pero un error de comprensión nos puede

hacer dudar de su sentido, encontrando cualquier jus-
tificación para minimizar su importancia. Cuando nos
sentimos incapaces de acometer la contemplación de
estos "Cuatro Conceptos esenciales" optamos por rechazarlos. Esta reacción es normal; inconscientemente
evitamos afrontar lo que nos resulta dificultoso. Preferimos cubrirlo con algo agradable, limitándonos a mirar
solamente en un nivel superficial, de la misma manera
que ocultaríamos con una hermosa tela un retablo de
madera sin acabar en un altar. Cuando tenemos que hacer frente a nuestra verdadera situación en la vida, hacemos lo mismo: no queremos mirarla en profundidad,
nos alejamos o hacemos algún comentario benévolo al
respecto. Pero si tenemos un brazo roto, no serán de
utilidad ni las bellas palabras ni las hermosas telas. Necesitamos tratarlo y curarlo. Tampoco se trata de ser pe-
simistas y sufridores cuando tenemos que hacer frente
a una situación en la vida, sino de reflexionar sobre los
Cuatro Conceptos Esenciales para comprender la verdad de lo que nos dicen.

Contemplar el valor de la existencia humana

El primero de los cuatro pensamientos es "contemplar la valiosa existencia humana". Inmediatamente
tenemos la tendencia a pensar en la superpoblación de
China o de la India y ¡la vida ya no nos parece tan hermosa ni valiosa! De algún modo, nos hemos subestima-
do a nosotros mismos. La expresión "valiosa existencia
humana" significa precisamente que nuestra vida contiene un gran valor. Por esa razón, tenemos que intentar vivir una vida con sentido, tomando las decisiones
adecuadas y abandonando los actos nocivos. También
debemos protegernos de aquello que nos resulte perju-

dicial; por ejemplo, si tenemos que volar a algún sitio, pero hay avería en el avión, encontraremos un medio de transporte alternativo antes que arriesgarnos. A veces, una actitud negligente, pensando que "no importa", nos puede llevar a desatender los riesgos. O una actitud excesivamente laxa nos hace considerar que con un solo retoque de pincel es suficiente para que el cuadro quede bien, cuando no es el caso. Este tipo de pensamientos es lo que llamamos ilusiones o engaños, y no debemos dejarnos atrapar por ellos. Por el contrario, debemos ser honestos con nosotros mismos, llevando a cabo lo que sea más favorable y necesario para nuestra vida. La valiosa existencia humana somos nosotros y nuestro potencial. La clave reside en hacer uso de esta gran oportunidad de manera constructiva.

El Buda Shakyamuni dijo que todos los seres sensibles, no sólo los seres humanos, están dotados del potencial de convertirse en Budas; pero solamente bajo la condición humana se puede llegar a alcanzar este nivel de realización. Nuestra naturaleza profunda, este potencial para el despertar que todos tenemos, está completamente libre de la confusión propia de la mente samsárica. Realizar la budeidad significa, en parte, liberarse de la confusión. No debemos desperdiciar la oportunidad que se nos presenta. Desde nuestro funcionamiento mundano estamos siempre tratando de obtener beneficio de cosas que son pasajeras y superficiales, sin apenas dedicar tiempo a reflexionar como es debido. Si adoptamos una visión más amplia y a largo plazo en la vida, tendrá sentido esforzarnos en obtener beneficios duraderos, y centrarnos en la mente que es infinita y nunca va a cesar. Al mismo tiempo, deseamos liberarnos del sufrimiento y de la ignorancia que lo causa. Esta vida es importante, porque nos concede la oportunidad de actuar de manera positiva y vivir un futuro diferente.

Según la ley de "causa y efecto" descrita posteriormente, estamos aquí como seres humanos como resultado de nuestras acciones pasadas. Si continuamos actuando de forma positiva, en nuestro renacimiento futuro nos encontraremos de nuevo en una condición favorable. En particular, bajo circunstancias que nos permitan practicar las enseñanzas, tales como nacer en un tiempo y lugar donde hay maestros auténticos que enseñan el Dharma o no sufrir de alguna discapacidad que nos impida la comprensión y la práctica. Tampoco encontrarnos siendo tan escépticos que no haya nada que nos valga la pena hacer en la vida. Por el contrario, queremos tener compasión y la capacidad de desarrollarla. Liberarse del *samsara* no quiere decir abandonar el mundo. De hecho, significa liberarnos del sufrimiento con lo que podemos actuar en beneficio de los demás.

El sentido de la existencia humana y las condiciones favorables que la hacen preciosa se describen detalladamente en *El Precioso Ornamento de la Liberación* de Gampopa. A pesar de que todos los seres están dotados de la naturaleza de Buda, la ausencia de alguna de las mencionadas condiciones favorables puede dificultar seguir el camino del Dharma. A veces, incluso sabiendo lo que nos beneficia y estando dispuestos a cultivarlo, nos vemos frenados por nuestros deseos, apegos y hábitos. Por ejemplo, imaginemos que nos ofrecen un buen trabajo, en una zona preciosa, con una casa maravillosa. Y, sin embargo, lo rechazamos y optamos por quedarnos con nuestro trabajo actual, que es estresante y realizado en condiciones vitales bastante penosas, porque creemos que no podemos abandonar todo aquello a lo que nos hemos acostumbrado. A menudo somos incapaces de evolucionar hacia mejores condiciones, a causa de nuestros apegos. Tenemos que soltar este tipo de apego. Si no dejamos de aferrarnos de este modo, seguiremos creándonos obstáculos.

No sirve de mucho reconocer el valor de la existencia humana para olvidarlo después. Ya conocemos las numerosas condiciones necesarias para que la existencia humana se considere preciosa. Si queremos disfrutar en la próxima vida de condiciones favorables similares, debemos desarrollar una forma de pensar y de actuar que puedan aumentar al máximo nuestra comprensión de la mente. Esta es la forma de prepararnos para un futuro mejor.

En algún momento hemos podido escuchar que los métodos propuestos por el Dharma tienen la capacidad de llevarnos al despertar en una sola vida. Aunque es cierto, para que suceda es necesario un proceso de aprendizaje, reflexión y auténtica aplicación de las enseñanzas. En cualquier caso, lo más importante es saber que todos tenemos la capacidad de hacerlo. De hecho, un maestro o un practicante reencarnado no tienen nada de especial; no es más que alguien que ha puesto en práctica con éxito las enseñanzas y puede, por tanto, continuar el mismo camino en la próxima vida. Continuar significa no perder la capacidad ya adquirida.

En general, damos por sentada nuestra existencia humana. Hay muchas cosas que nos parecen importantes, pero nos olvidamos de reconocer lo que realmente nos va a beneficiar a largo plazo. Cuando nuestro tiempo se agote, será demasiado tarde. De modo que el objetivo de la primera reflexión no es presionarnos, sino motivarnos a tomar decisiones adecuadas en la vida. Nos va a preparar proporcionándonos razones por las que la práctica del Dharma es imprescindible. Somos testigos de la naturaleza transitoria de las condiciones vitales de todos los seres. Los maestros budistas del pasado pueden representar modelos a seguir, por ejemplo, en cuanto a la actitud que tenían ante el futuro. Fueron capaces de reconocer la valía de practicar el Dharma y fueron progresando vida tras vida hasta alcanzar el despertar. En nuestro caso, también podemos llegar al mismo resultado, si aprovechamos las condiciones favorables en las que nos encontramos y dirigimos nuestra práctica en la misma dirección del despertar.

Por lo general, las expectativas se establecen tanto para el corto como para el largo plazo. Un practicante que ya es capaz de reconocer la naturaleza transitoria de las condiciones vitales podrá trabajar directamente con objetivos a largo plazo. Pero la mayoría de la gente pierde de vista los objetivos a largo plazo, porque son demasiado difíciles de alcanzar. Hay que esforzarse y reflexionar más profundamente para poder ver más allá del aquí y ahora.

Solemos estar más preocupado por resolver problemas inmediatos y lograr objetivos a corto plazo. A menudo, los problemas de los que nos ocupamos están relacionados con las emociones y las relaciones, lo que resulta interminable. A un problema resuelto siempre le sigue otro. Hay personas que piensan que evitando a los demás y las emociones que les despiertan encontrarán la paz. Pero esto es más bien una huida que una solución al problema, porque en realidad no hay nada que rechazar. Simplemente tenemos que observarnos y relacionarlo con el sentido de la preciosa vida humana. Es aconsejable efectuar de vez en cuando este tipo de reflexión, como algo natural y espontáneo, para gradualmente ir ganando más claridad mental. A menos que reflexionemos y apliquemos el sentido de esta reflexión a nuestra vida, la verdad de la preciosa vida humana no nos será de gran utilidad.

Contemplar la impermanencia

El segundo de los cuatro pensamientos propone una reflexión consciente sobre la impermanencia de la vida y de todos los fenómenos. Una vez reconocido el valor de practicar el Dharma, no podemos posponerlo más. El tiempo no se detiene para nadie, nuestras acciones y sus correspondientes resultados continúan sin cesar. Por tanto, mientras permanezcamos en esta condición humana, debemos intentar cultivar la lucidez y la claridad de nuestra mente. En cierto modo, impermanencia también significa continuidad, porque nada permanece idéntico, todo cambia y se transforma constantemente.

Al comienzo del libro "*El Precioso Ornamento de la Liberación*", Gampopa proporciona explicaciones sobre el *samsara* y sus condiciones. El término *samsara* significa existencia cíclica, es decir, la existencia sometida a los ciclos incesantes del nacimiento, la enfermedad, el envejecimiento y la muerte. La vida consta de una amalgama de felicidad y sufrimiento. Cada ciclo finaliza con la muerte, que va a marcar poco después el comienzo de otra vida. En esta progresión los ciclos se perpetúan sin fin. Tampoco existe un comienzo. Como detestamos el sufrimiento, queremos liberarnos de él. Pero esto nunca va a suceder, a menos que nos dediquemos a seguir un método y una práctica adecuados. Más adelante en su libro, Gampopa expondrá instrucciones acerca de los métodos para liberarse. De este modo, comprenderemos las características del sufrimiento y sabremos que existe una salida. Gracias a la impermanencia, podemos plantearnos la liberación del sufrimiento como objetivo principal. Tenemos que dejar de perder el tiempo.

No es difícil ver el sufrimiento que conlleva el *samsara*. Existen soluciones y remedios para ayudarnos a afrontar algunas circunstancias de la vida, pero la muerte, la transitoriedad de la vida, parece ser el mayor de los desafíos. La reflexión sobre la impermanencia nos muestra cómo abordarlo, nos prepara ayudándonos a cultivar la claridad mental. En la vida estamos acostumbrados a los altibajos. A veces nos encontramos con situaciones que nos resultan insoportables, mientras que a otras personas no les parecen tan intolerables. Queremos disfrutar de una vida cómoda, con buena comida, buena ropa, y estamos dispuestos a trabajar para conseguir este objetivo. Aun sabiendo que habrá obstáculos para lograrlo, no nos detienen ni nos asustan porque encontramos maneras de superarlos. La idea es evolucionar con la misma voluntad hacia un objetivo más definitivo -la liberación del sufrimiento-, en lugar de conformarnos con soluciones temporales.

La preciosa existencia humana nos puede traer beneficios más allá de esta vida. Lo ideal sería renacer siempre como seres humanos, practicando el Dharma hasta el despertar. Pero la vida no permanece estática o inmutable ni siquiera por un instante; la mente se mueve en un flujo constante de actividad. La impermanencia significa que el tiempo pasa: cada hora, cada minuto, cada segundo. Asimismo, este proceso continuo de cambio está sujeto a la ley de causalidad. Tenemos que reconocer que esto sucede, no para estresarnos, sino para que integremos esta visión en nuestro funcionamiento habitual.

Las experiencias vitales nos permiten comprender y apreciar el sentido de las enseñanzas, y ponerlas en práctica facilita que progresemos poco a poco. Pero a veces no queremos escuchar realmente lo que la enseñanza nos dice, de modo que no avanzamos como esperamos. Debemos intentar en la medida de lo posible evitar aquellas acciones que nos lleven a renacer en condiciones desfavorables, llenas de sufrimiento.

La transición de la vida presente a la próxima vida ocurre de manera natural y automática. Después de la muerte, y antes del siguiente renacimiento, hay un período intermedio denominado *bardo* en tibetano. La mente va a experimentar sus tendencias más poderosas, sin que el cuerpo esté ahí para aliviarlas. A continuación, la mente tomará una nueva encarnación, sujeta una vez más al nacimiento, el crecimiento y la muerte. Todos los beneficios de la práctica adquiridos en esta vida nos ayudarán en el momento del bardo. Como resultado de haber practicado mucho, nos daremos cuenta de que la liberación del ciclo de existencias es la única salida. Liberarse quiere decir abandonar la condición actual de no poder ver con claridad. La liberación implica disponer de una mente clara y capaz de atravesar todas las circunstancias de la vida y del bardo. En realidad, esta claridad no es tan difícil de lograr, si nos esforzamos y aplicamos los métodos necesarios, siempre y cuando dispongamos de las condiciones favorables. La buena noticia es que todas las prácticas del Dharma nos van a proporcionar justamente estas condiciones favorables.

No debemos conformarnos con el significado común del concepto de "impermanencia". Tampoco es suficiente con limitarse a reconocerlo. Necesitamos reflexionar cuidadosamente sobre su verdadero significado, el sentido que cobra en nuestra vida y lo que puede implicar en nuestras decisiones. Podemos examinar el impacto de la realidad de la impermanencia en nuestra experiencia cotidiana. De esta manera, seremos conscientes de la impermanencia sin sentir temor, sin sorprendernos cuando aparece y sin excusas; sino más bien aceptándola como una característica natural de la vida.

Tomamos café a diario sin sorprendernos por ello, como un simple acto cotidiano. Del mismo modo, la impermanencia forma parte de nuestra vida cotidiana. Los estudiantes dan por hecho lo que ya han aprendido. Se centran en estudiar y recordar las ideas y los datos nuevos. Sin embargo, con el concepto de la impermanencia, el planteamiento debe de ser distinto. Aunque tengamos conocimiento de este concepto, no lo podemos dar por sabido. Debido a que la impermanencia no es una realidad fácil de afrontar, tenemos que ir integrándola paulatinamente. Muy pronto cobrará sentido lo que hacemos y llegará a resultarnos extremadamente útil. Nos habituaremos a la presencia de la impermanencia, sin estresarnos por ello, hasta que se convierta en una tendencia habitual y positiva de nuestra mente. Lo mismo que ocurre con la ropa que vestimos a diario, podemos decidir lo que ponernos porque conocemos nuestro fondo de armario. Aunque lavemos la ropa cuando está sucia, ponemos especial atención a no manchar al sentarnos, por ejemplo, las prendas que más apreciamos. El proceso por el que hacemos uso de nuestra ropa y la cuidamos es simple y directo, sin complicaciones. Lo mismo puede suceder con el proceso de habituarse a la impermanencia de las cosas. Es un darse cuenta sin ignorancia y tomando conciencia de la totalidad de sus implicaciones.

Contemplar el Karma

En tibetano se utilizan tres términos para designar el concepto de "karma": *le gyu dre*, que significan acción, causa y efecto respectivamente. De manera general, los términos "karma" y "causa y efecto" se usan indistintamente. La tercera de las Cuatro Contemplaciones consiste en la reflexión sobre el karma. La comprensión que tengamos del karma puede influir para que actuemos de forma más positiva.

Podemos decir que las situaciones y las circunstancias que encontramos en el presente son el resultado de causas que hemos sembrado en el pasado. La mayor parte del tiempo nos sentimos víctimas de lo que nos sucede y nos preguntamos por qué nos ocurre a nosotros. La premisa básica del karma es que cada pensamiento produce un resultado, derive o no en una acción. El karma proviene de nuestra mente, de nuestras palabras y de nuestras acciones. Sin embargo, no nos damos cuenta de que nuestros pensamientos negativos producen efectos nocivos, creyendo erróneamente que únicamente nuestras acciones provocan resultados. Pero sin un pensamiento previo no habría después palabras ni acciones posteriores. A veces, actuamos y no vemos producirse ninguna consecuencia mientras que, en otras ocasiones, nuestra acción va a marcar una diferencia visible. En ambos casos, se genera un karma, con independencia de que nuestra acción provoque resultados inmediatos o no. Según las enseñanzas budistas, el karma puede ser neutro, beneficioso o perjudicial en función de la intención original. De hecho, la "verdad del karma" es una ley natural, un proceso infalible que nos da razones lo suficientemente convincentes como para prestar atención a lo que pensamos y a nuestra motivación.

Una vez comprendido el proceso de causas y efectos, estaremos atentos para evitar acciones negativas. Incluso cuando surjan pensamientos negativos, podremos elegir no dejarnos influir por ellos. Pongámonos en el caso de que quisiéramos vengarnos de alguien para devolverle la ofensa. Si somos capaces de reconocer que esto sólo va a generar más karma y que, a su vez, esto nos puede volver en algún momento, decidiremos no vengarnos. En cambio, podemos elegir resolver el conflicto mediante una conversación tranquila y sin perjudicar a la otra persona. A veces nos sentimos casi obligados a actuar negativamente, pero con la noción del karma en mente, sabemos que vale la pena decidir reaccionar de forma más positiva. Sin lugar a dudas, tenemos la opción de no hacer caso de nuestros pensamientos, emociones y sentimientos negativos cuando surgen y no seguirlos. Cuando reaccionamos impulsivamente, estamos generando condiciones desfavorables para nuestra vida en el presente y en el futuro. Por el contrario, comprender el karma nos ayudará a elegir la acción adecuada para conducir nuestra vida de la mejor manera posible.

En resumen, el *samsara* o nuestra existencia condicionada no es más que el resultado del karma. A veces, a sus resultados se les llama "los defectos del *samsara*". Una comprensión genuina de las consecuencias del karma nos llevará a ser más cuidadosos con nuestras intenciones. No podemos evitar los resultados de nuestras acciones; es más, cuanto más tratamos de evitar una situación, más nos vemos involucrados en ella, y más nociva será. La manera de abordar el karma debe ser similar al ejemplo anterior de cómo relacionarnos con la ropa: sin alarmarnos, pero a la vez siendo conscientes y cuidadosos.

Las prácticas meditativas, desde una perspectiva relativa[10], van a favorecer el desarrollo de nuestras cualidades internas, condiciones que en sí mismas conllevarán más acciones benéficas y, por tanto, mejorará nuestro karma. Como consecuencia, disfrutaremos de condiciones más favorables en las relaciones familiares o en cualquier relación en general. Acciones tales como practicar la meditación en grupo, por ejemplo, generan un buen karma colectivo o grupal. El incremento del potencial positivo de la persona provoca la disminución del negativo. Deberíamos, por tanto, optar por no dañar a los demás y ayudar a quienes lo necesiten; es decir, hacer todo lo posible para evitar la formación de condiciones negativas.

Contemplar el resultado de sufrimiento del karma

El resultado del karma no es un juicio o una sentencia sino, más bien, el fruto de nuestras acciones que

---

10   La perspectiva absoluta de la práctica influirá directamente en nuestro progreso del camino al despertar.

ocurre de manera natural y espontánea. Nuestras ideas y pensamientos son conceptos generales y abstractos, inferidos o derivados de momentos específicos de nuestra experiencia. Son, por tanto, una construcción mental. Mientras que el karma se describe como una "ley", a pesar de que no haya nadie allí para juzgarnos. El karma funciona como una ley de la naturaleza, lo mismo que el agua es un elemento indispensable para que crezca una flor. Sin agua, la flor se secará; no es más que un proceso inherente a la naturaleza de la flor. Lo mismo ocurre con el karma. Cada karma que se crea producirá un resultado, condición o efecto. Cuando se reúnen las condiciones y maduran, se produce un resultado.

El karma es responsable de los velos de nuestra mente, previamente descritos como los tres tipos de oscurecimientos[11]. Si observamos nuestro diálogo interno con atención, veremos que está directamente relacionado con nuestros conceptos, nuestras emociones y nuestros hábitos. El proceso del karma es idéntico, tanto para las condiciones positivas como para las negativas. Por ejemplo, el deseo de no perjudicar a los demás genera un karma y lo contrario otro karma. Ambos son karmas que tendrán un efecto, tanto si se traducen en acciones como si no. Si actuamos, el resultado será todavía mayor.

La primera enseñanza del Buda fue sobre el sufrimiento. La verdad del sufrimiento es la primera de las

---

11 Ver capítulo 2 para más explicaciones

Cuatro Nobles Verdades[12]. El Buda enseñó que alcanzando el despertar podemos traspasar el sufrimiento. De momento, sólo por el hecho de existir tenemos que experimentarlo y vivir en una condición de insatisfacción básica. El sufrimiento proviene de un apego fundamental: el apego al yo o *daktu dzinpa* en tibetano. El apego al yo genera una forma persistente de sufrimiento, pero muy sutil, que aquí llamamos "insatisfacción fundamental". El problema es que por lo general nos pasa desapercibido. Nos resulta más fácil percibir otros tipos de sufrimientos más evidentes, como el dolor físico.

Nuestra existencia en el *samsara* se caracteriza por el apego al yo. En algunas tradiciones espirituales, el sufrimiento es un requisito para la práctica. Sin embargo, en la enseñanza del Buda se hace hincapié en que no es necesario sufrir (en el sentido ordinario de la palabra) para poder alcanzar el despertar o cualquier tipo de realización espiritual. Aunque no necesitamos sufrir, tenemos que comprender su funcionamiento.

El Buda enseñó que el sufrimiento se manifiesta bajo distintas formas, en función de las distintas existencias condicionadas del *samsara*. Podemos verlo en las representaciones de la "Rueda de la Existencia"[13] que muestra el sufrimiento experimentado por los seres en cada uno de los seis reinos de existencia. Por ejemplo, los seres humanos y los animales experimentan el sufrimiento de

---

12 Las Cuatro Nobles Verdades, o las Cuatro Verdades de los seres nobles son: la verdad del sufrimiento, la verdad del origen del sufrimiento, la verdad de su cesación y la verdad del camino.

13 Se trata de una representación pictórica del *samsara*, donde se muestran los seis reinos de existencia condicionada: dioses, semidioses, humanos, animales, espíritus ávidos e infiernos.

forma diferente porque las percepciones y los sentimientos no son iguales. Los animales nos resultan bastante cercanos y podemos figurarnos parte de su sufrimiento, aunque no podamos experimentarlo directamente. Lo mismo puede decirse de los otros reinos de existencia. La existencia humana se caracteriza por un fuerte deseo combinado con otras emociones. Estos oscurecimientos de la mente producen un malestar que nos hace reaccionar de forma negativa, lo cual a su vez genera más causas para la negatividad. El mecanismo del karma es sutil y complejo, de modo que incluso una acción basada en una simple idea puede producir, en distintas condiciones, diferentes resultados. Por esto experimentamos tantos tipos de sufrimiento en la existencia humana. En el marco de las enseñanzas budistas, existe una clasificación general de los distintos tipos de acciones o causas, de sus correspondientes impresiones en la mente y de las formas de sufrimiento resultantes.

El Dharma también nos explica que el deseo y el apego son particularmente intensos en los seres humanos debido a la ignorancia fundamental. Como sabemos, todos funcionamos en base a nuestras propias ideas y opiniones, ya sean correctas o incorrectas. Cuando una opinión nos conduce a realizar una acción negativa, el resultado será experimentar sufrimiento. A pesar de nuestros esfuerzos por actuar genuinamente, cometemos errores debido a la ignorancia fundamental de la mente. Incluso en el caso de que nuestro error no sea intencionado, conducirá inevitablemente a sufrimiento.

El Buda nos aconseja desarrollar con ecuanimidad amor y compasión hacia todos los seres sintientes, lo que normalmente se conoce como la mente del despertar. Generar esta cualidad de la mente tiene un beneficio doble: por un lado, disminuye el flujo de pensamientos negativos, disuadiendo a su vez las acciones nocivas; por el otro, fomentará pensamientos y acciones positivas. Por esta razón, la enseñanza insiste en la importancia de desarrollar la mente del despertar. La *bodhicitta*[14] se genera abriéndonos al sufrimiento de otros seres sintientes. Desarrollamos esta actitud para ayudar a todos los seres, incluyéndonos a nosotros mismos, a ir más allá del sufrimiento. Esta actitud es opuesta al apego al yo porque nos alejamos del egocentrismo para dirigirnos hacia todos los demás. Una vez comprendidas las causas y los efectos del sufrimiento, apreciaremos la importancia del camino del Dharma y haremos esfuerzos reales para practicarlo.

Conclusión

Con el fin de preparar y construir las bases para la práctica del Dharma, debemos ser conscientes de nuestros pensamientos, palabras y acciones tan a menudo como podamos. Si aplicamos esta forma de conciencia o de darse cuenta, tanto en nuestra práctica meditativa como en nuestras actividades cotidianas, con el tiempo alcanzaremos nuestro objetivo.

A estas cuatro reflexiones se les denomina "las pre-

---

14 La *Bodhicitta* o mente del despertar, es la aspiración de alcanzar el estado de perfecto y completo despertar para el beneficio todos los seres. Contiene dos perspectivas: relativa y absoluta. La perspectiva absoluta consiste en el reconocimiento de la vacuidad de la mente y de todos los fenómenos. La perspectiva relativa se manifiesta de dos formas: en aspiración y en acción, que corresponden al deseo de beneficiar a todos los seres sin excepción y a la aplicación altruista de este deseo.

liminares"; no por considerarlas como un prerrequisito obligatorio que hay que finalizar antes de pasar a la siguiente etapa. Más bien se refiere al hecho de que el paso previo es fundamental para entender el siguiente paso. Reflexionando sobre estos cuatro pensamientos de referencia y recordándolos de forma regular, conseguiremos vincular las situaciones que nos encontramos en nuestra vida cotidiana con la práctica del Dharma. Al mismo tiempo, estaremos bien encaminados, con la motivación adecuada, y protegidos así de pensamientos y acciones negativas.

En general, estamos muy ocupados con el trabajo y la familia, pero cada persona tendrá que decidir el grado de implicación que quiere tener a nivel individual en el camino del Dharma. Las reflexiones sobre la preciosa existencia humana, la impermanencia, el karma y el sufrimiento están destinadas a que nos cuidemos y no nos dejemos influir por pensamientos negativos. Al percibir con claridad la condición de base común a todos los seres vamos a desarrollar amor y compasión hacia ellos. Aunque los pensamientos negativos sigan apareciendo, recordar las cuatro reflexiones nos impedirá quedarnos atrapados en ellos. Además, estas cuatro reflexiones van a actuar como remedio a la ignorancia fundamental.

Poner en práctica el amor y la compasión significa ser de utilidad y apoyo a los demás en función de nuestras capacidades. A veces podemos ser una fuente de apoyo y ayuda para otros, mientras que en otras ocasiones no será posible. Cuando nuestra ayuda no sea bien recibida, no tiene sentido seguir insistiendo. Ser un buen apoyo requiere igualmente un entrenamiento. Al principio, es más bien como un ejercicio: cuando somos testigos del sufrimiento de los demás, incluso en el caso de que no podamos ayudar, generamos el deseo de que su situación mejore. No podemos salvar al mundo, pero sí aspirar a que se disipe el sufrimiento de todos los seres.

Capítulo 5. La Actitud del Despertar y su Práctica

La *bodhicitta* [la actitud del despertar o actitud iluminada] es la motivación altruista que impregna todos nuestros pensamientos, todas nuestras palabras y todas nuestras acciones. Evitamos pensar sólo en uno mismo, excluyendo a los demás. Tratamos de preocuparnos genuinamente por el sufrimiento de todos los seres sintientes; deseamos que obtengan la felicidad y se liberen del sufrimiento. La *bodhicitta* no es simplemente un concepto, sino algo muy profundo en sí mismo.

Comenzamos por abrirnos un poco más a los demás. Una mente abierta nos va a permitir preocuparnos más por las personas que nos rodean. Les tendremos más en cuenta, seremos más capaces de compartir y, en definitiva, de beneficiarles. Se trata de un proceso de aprendizaje a través de una práctica y un entrenamiento progresivos. Poder actuar con la actitud del despertar será un indicativo de que estamos mejorando y de que nuestra práctica meditativa progresa. Nos resultará cada vez más fácil y natural compartir todo lo beneficioso con los demás.

Todas las enseñanzas budistas insisten en este punto esencial: adoptar la actitud del despertar, abrir nuestra mente. No importa si de momento no tenemos una actitud de total apertura o si no tenemos la capacidad de hacerlo todo por los demás. La clave radica en comenzar con nosotros mismos, aquí y ahora, en base a nuestra capacidad interna, sea cual sea. Lo importante es hacer lo máximo que esté a nuestro alcance. Si podemos abrirnos un poco, habrá posibilidades de expandir y mejorar esta cualidad básica en nosotros. De momento, sumidos por la influencia de emociones negativas como la ignorancia, el orgullo, la avaricia, etcétera, nuestra tendencia es querer realizar únicamente "grandes" cosas. En el momento en que nos damos cuenta de que superan nuestras posibilidades, empezamos a perder la confianza en nosotros mismos. Por ello, es importante tener en cuenta que no se trata de intentar ayudar a los demás por encima de nuestras posibilidades. Más bien, hacemos lo más que podemos de acuerdo con nuestra capacidad. Esto es generar la *bodhicitta*.

Desarrollar esta actitud del despertar responde a una práctica del entrenamiento de la mente, *lodjong*[15] en tibetano: reemplazando los oscurecimientos de la mente - hábitos, conceptos y emociones negativas - por una motivación y una actitud positivas. En la práctica del

---

15 Véase el libro de Shamar Rinpoche, *El camino al despertar*, La Remuée, Ediciones Rabsel, 2011.

lodjong se trata de hacer lo contrario a lo que estamos acostumbrados. Cultivamos esta actitud positiva en nuestra mente hasta que, con el tiempo, se manifieste de forma espontánea en nuestra forma de pensar y actuar.

El entrenamiento de la mente aporta dos tipos de resultados: la disminución de pensamientos y de acciones negativas y, aún más importante, la oportunidad de un renacimiento mejor en la próxima vida. Después de la muerte, en el estado intermedio (*bardo* en tibetano), la mente de la persona fallecida continúa normalmente muy identificada con las tendencias que tenía en vida. De manera automática, estas tendencias van a ser experimentadas una tras otra sin cesar. Las experiencias en el bardo son bastante similares a las del estado de sueño, en cuanto a la falta de control que tenemos en ambas ocasiones. Sin embargo, todo progreso en la práctica meditativa que la persona haya logrado le va ser de gran utilidad en el bardo. De hecho, se considera como una de las numerosas aplicaciones de la práctica meditativa. Cuando una persona se duerme, perderá temporalmente la conciencia justo en el momento antes de dormirse del todo. Su mente está presente, pero totalmente desconectada. Incluso si se intenta observar el proceso de transición de la vigilia al sueño, llegará un momento en que la persona perderá la conciencia y, al cabo de un tiempo, empezará a soñar. Aunque en ese momento esté físicamente viva, va a ser incapaz de ver por sí misma lo que está sucediendo. Este estado de "falta de conciencia" refleja de hecho una ausencia de realización espiritual: una incapacidad de ser consciente de lo que le está ocurriendo. Si, por el contrario, esa persona puede atravesar este proceso con conciencia, sin ignorancia, se dará cuenta de cómo evoluciona el proceso hasta caer dormida, para luego empezar a soñar. En este caso, el hecho de soñar ya no va suponer ninguna sorpresa sino que será percibido como otro estado de la mente. Esta destreza es una consecuencia del entrenamiento en la meditación, que va a permitir a la persona ser consciente en todo momento de lo que pasa.

Una mente desprovista de realización espiritual puede tener también tendencias positivas. La práctica del entrenamiento de la mente, o *lodjong,* puede conducir a este resultado: orientar nuestra mente hacia el beneficio de los demás. Esta actitud altruista implica un estado mental de mayor apertura y libre de la influencia de las emociones perturbadoras, siendo así más flexibles y considerados con los demás.

Somos todos testigos del sufrimiento que nos rodea. A pesar de que no lo veamos con nuestros propios ojos, sabemos que muchas personas en diferentes partes del mundo atraviesan dificultades. El sufrimiento de los animales también es muy evidente. Comenzamos por preocuparnos por el sufrimiento de los demás y esa preocupación progresivamente llegará a convertirse en amor y compasión. Esto significa que vamos a vincular nuestra conciencia con el amor y la compasión hacia todos los seres sintientes; precisamente practicamos el entrenamiento de la mente para tender este vínculo. Nuestra motivación no debe basarse en el miedo o la aversión al sufrimiento, ni en el deseo de encontrar una salida sólo para uno mismo. La motivación, en el marco de la mente del despertar, es el bienestar de todos los seres sintientes. Al principio, nuestra preocupación por los demás puede suceder únicamente en forma de un pensamiento aislado pero, en la medida en que nuestra visión se perfeccione, se convertirá en una tendencia de la mente. Será entonces cuando entendamos el sentido exacto de la *bodhicitta*.

Cuando vemos la televisión, por ejemplo, somos testigos de gran cantidad de desgracias y podemos sentir cierta lástima por las personas afectadas. Sin embargo, esta lástima no es más que un pensamiento sin que lleguemos a empatizar realmente con su situación. Si este sufrimiento se presentase delante de nosotros sería distinto, ya que nos sentiríamos mucho más implicados. Nuestra preocupación por el bienestar de los demás empieza como una idea que debemos afinar progresivamente hasta comprender lo que realmente significa ocuparse de los demás. Se trata de atenderles sin juicios. La causa fundamental del sufrimiento de todos los seres es la ignorancia, de modo que la mente está velada por los tres oscurecimientos de base explicados con anterioridad. Sabemos que cuando actuamos movidos por estas tendencias negativas, vamos a generarnos condiciones de sufrimiento futuro, porque todos sin excepción estamos inevitablemente sujetos a este funcionamiento. Vamos a preocuparnos por todos los seres de la misma manera que nos preocupamos por nosotros mismos. Este es un principio fundamental que debemos comprender antes de embarcarnos en cualquier práctica del entrenamiento de la mente. Tenemos que asegurarnos de que nuestra motivación es sincera. Algunas personas pueden tener otras razones para practicar el entrenamiento de la mente. Para estas personas no supondrá más que una técnica para ejercitar la mente.

En general damos gran valor al resultado de lo que emprendemos, sin importarnos los medios para conseguirlo. Si queremos hacer una mesa, por ejemplo, no pensamos mucho en las herramientas, ya que nuestro objetivo principal es el resultado. Cuando la mesa está acabada, las herramientas se guardan y no nos fijamos más en ellas. La práctica del Dharma, sin embargo, no funciona de este modo porque todas las condiciones que nos encontramos a lo largo del camino son importantes. Es más, generar amor y compasión es una condición esencial de principio a fin. Nuestra práctica cotidiana comienza desarrollando un estado mental de consideración por todos los seres sintientes mediante la recitación de oraciones. Asimismo, las sesiones de práctica concluyen con la recitación de plegarias y deseos por todos los seres. En ellas aspiramos a que todos los seres sintientes disfruten de condiciones favorables y benéficas.

Cuando recitamos plegarias, tratamos de vincularnos con el sentido de los términos enunciados. Es tradición que antes de cada enseñanza o práctica se formulen oraciones, en las que individualmente aspiramos al propio beneficio y al de todos los seres, a la vez que enunciamos lo que queremos poner en práctica. La recitación de plegarias no tiene como objetivo calmar la mente, sino integrar estas aspiraciones hasta que se conviertan en un hábito de la mente. En un nivel práctico, el proceso ocurre de la siguiente manera: comenzamos recitando plegarias y aspiraciones; después escuchamos las enseñanzas; aplicamos lo que hemos aprendido en nuestra vida y practicamos la meditación; por último, pensamos, hablamos y actuamos conforme a nuestras aspiraciones. Así pues, todo nuestro modo de ser queda vinculado a los deseos que hayamos formulado en nuestras oraciones. En realidad, recitamos estas plegarias de manera sincera para ser adecuadamente dirigidos

Las plegarias de aspiración básica que muchos practicantes recitan a diario son las siguientes:

"Puedan todos los seres sintientes poseer la felicidad y sus causas.

Puedan estar libres del sufrimiento y sus causas.

Puedan permanecer en la felicidad suprema, libre de todo sufrimiento.

Puedan mantenerse en la gran ecuanimidad, libre de todo apego y aversión hacia los seres próximos y lejanos".

En las dos primeras peticiones deseamos que todos los seres obtengan la felicidad y las causas de la felicidad, y que se vean libres del sufrimiento y de las causas del sufrimiento. Las "causas" provienen del karma, las acciones y sus resultados, aplicable a todos los seres incluida la persona que está recitando la oración. Mientras funcionemos en el mundo de los fenómenos, estas aspiraciones van a suceder en un nivel relativo. Porque en un nivel último deseamos que todos los seres realicen la naturaleza de la mente y estén por tanto libres del ciclo de existencias, el *samsara*. Esta plegaria básica debería preceder a toda práctica meditativa. No se trata únicamente de una técnica, sino de un verdadero *lodjong.* Debemos intentar adoptar una actitud genuina y benevolente en nuestro corazón. De otro modo, la oración y nuestra práctica quedarían de nuevo reducidas a meras palabras. Tampoco deberíamos sentirnos obligados a recitar las plegarias. Simplemente reflexionamos sobre nuestros deseos sinceros de felicidad hacia todos los seres hasta que se convierta en algo natural, genuino y positivo.

La tercera línea de la plegaria enuncia la aspiración

de que todos los seres permanezcan en un estado de felicidad auténtica, libre de todo sufrimiento. Este deseo nos lleva a una actitud de ecuanimidad, que es el resultado del estado de Buda, tal como se formula en la última línea. La ecuanimidad es un concepto difícil de comprender y que puede ser malinterpretado. Apunta a un estado de la mente que no diferencia entre el yo y los otros. Un estado de completa claridad y sin perturbación alguna propio de la mente de Buda. Una mente inseparable de la auténtica felicidad es una mente sin distracciones y, por tanto, libre de todo apego. Por el contrario, una mente llena de distracciones no encuentra la paz. Deseamos entonces que todos los seres alcancen y realicen este estado de auténtica felicidad. La realización del despertar viene acompañada de un estado mental libre de todo sufrimiento y, como consecuencia, libre de ignorancia.

A pesar de que teóricamente estamos de acuerdo en que el amor y la compasión son cualidades que a todos nos beneficia desarrollar, nos puede tomar mucho tiempo percibir directamente sus resultados reales. Lo mismo ocurre con el proceso de darnos cuenta de nuestros rasgos negativos, que son las causas de las emociones perturbadoras. Para ello, comenzamos por ralentizar el ritmo y tratamos de averiguar las conexiones entre nuestras expectativas, nuestras emociones y nuestras motivaciones. La vida cotidiana ofrece un terreno formidable de entrenamiento si observamos cómo funcionan nuestras emociones en cada una de las situaciones que nos encontramos. Intentamos observar las circunstancias en las que se originan las emociones y cómo nos hacen reaccionar; esto nos lleva a reconocer cómo funciona la mente cuando hay emociones y cuando no las hay. Este mismo proceso se puede aplicar a cualquier distracción de la mente. Procuramos ser conscientes de las condiciones asociadas a la distracción: los factores desencadenantes y sus consecuencias. Así, por ejemplo, nos daremos cuenta de que cuando no se cumplen nuestras expectativas nos molestamos. Para ello necesitamos aflojar el ritmo y tomarnos el tiempo de observar. Hasta que llegue un día en que nos demos cuenta de las causas de nuestras aflicciones. Al tiempo nos damos cuenta de que también son las mismas para los demás. Como resultado de comprender que el funcionamiento de nuestra mente depende de las condiciones que nos generamos, y dándonos cuenta de la similitud que existe entre todos los seres al respecto, entenderemos el sentido auténtico de la "ecuanimidad".

Las enseñanzas de Buda explican que todas las aflicciones y perturbaciones de la mente provienen del apego al yo. La práctica del Dharma tiene como objetivo liberarnos de este apego aunque, en realidad, no podemos "liberarnos" de un "yo" que carece de existencia. A pesar de que no haya ningún "yo", en teoría, podemos debilitar el apego al mismo cuando entendemos cómo funciona la mente. Ser capaces de trabajar con las emociones y las tendencias negativas es liberador en sí mismo. Ser libres denota "soltar" este apego al yo. Aunque pueda parecer sencillo, cuando tratamos de ponerlo en práctica no es tan fácil porque nos encontramos con que el apego al "yo" es muy resistente. Incluso experimentamos temor a soltar este apego al cual nos hemos acostumbrado, hasta el punto de ser adictivo. Sabemos que abandonar una adicción puede resultar un auténtico reto. Por esto, para conseguir liberarnos necesitamos conocer el funcionamiento de los estados perturbadores de la mente, cómo surgen y el efecto que tienen en nosotros. Este descubrimiento forma parte de un lento y progresivo proceso.

Pensamos que vivimos una vida normal, respondiendo a criterios bien establecidos y convencidos de que nuestra forma de llevar la vida es buena. Cuando, en realidad, nos vemos dirigidos por ideas y pensamientos del tipo: *"debería hacer esto"* o *"no debería hacer aquello"*, *"esto es bueno o malo"*, etcétera. Pero si miramos más profundamente, veremos que hay más. Necesitamos reflexionar y averiguar por qué somos como somos y encontrar el sentido de lo que hacemos. La observación de nuestras tendencias y actitudes nos aportará más claridad acerca de nosotros mismos.

Progresamos lentamente a cada paso, día a día, porque los resultados no se pueden forzar. Ante las dificultades, en lugar de desear que desaparezcan como hacemos normalmente, trataremos de analizar la experiencia. Cuando escuchamos en las noticias que, por ejemplo, han atacado a alguien nos podemos alarmar por un momento, pero luego continuamos como de costumbre. Nos hemos insensibilizado tanto a las malas noticias que las llegamos a considerar como parte de nuestra cotidianidad, hasta el punto de no importarnos realmente. Pero a pesar de la apatía que sentimos ante estos hechos, deberíamos tratar de ser conscientes y comprender la envergadura de lo que está sucediendo. Si tomamos como ejemplo la pesca, vemos que la consideramos como un deporte. A pesar de que sabemos el daño que infligimos a los peces, preferimos no pensar demasiado en ello. Es evidente que no hay una toma de conciencia real; si la hubiese, nos daríamos cuenta del sufrimiento de los peces y de que estamos generando causas de sufrimiento futuro en nosotros. La consecuencia de matar al pez, aunque no sea de forma inmediata, madurará con seguridad algún día y tendremos que experimentar sufrimiento. El sufrimiento nos resulta obvio cuando se trata, por ejemplo, de dolor físico. Pero el funcionamiento del karma, a menudo, nos pasa inadvertido y no vemos las causas del sufrimiento ni sus consecuencias. Incluso en las raras ocasiones en que reconocemos que algo ha sido inadecuado, lo consideramos normal, como parte de la vida cotidiana. Necesitamos ser conscientes de que funcionamos de esta manera.

Comenzamos reflexionando con más precisión sobre nuestras condiciones, internas y externas. Atentos a lo que vemos en las demás personas y a cómo actúan. Examinamos los efectos y la implicación de sus acciones en los otros. Este análisis nos va a permitir ver más allá de nuestras referencias habituales. A veces nos puede resultar incómodo o inquietante, no por el hecho de mirar, sino por lo que tenemos que enfrentar cuando observamos: el funcionamiento del *samsara* y el karma. Cuanto más seamos capaces de ver, menor poder de influencia tendrán las aflicciones que experimentemos, que son, por supuesto, fruto de la ignorancia fundamental. Asimismo, disfrutaremos de más espacio desde donde empezar a vislumbrar que puede ser diferente. Podemos generar el deseo de que mejoren las condiciones de todos los seres, lo que en realidad no es más que una forma de practicar el entrenamiento de la mente.

Cuando empezamos a practicar la meditación, normalmente buscamos estar en paz. Queremos sentirnos bien, pero lo que sucede a nuestro alrededor nos perturba. Necesitamos reflexionar de nuevo sobre el karma y su funcionamiento de causas y efectos, para entender que únicamente obtendremos condiciones favorables como consecuencia de actitudes y acciones positivas. En general, nos sentimos bien cuando los demás hacen lo correcto. En ocasiones nos sentimos agradecidos y, otras veces, incluso nos nace el corresponder a estas conductas responsables y de cariño. Por esto, la práctica del entrenamiento de la mente hace hincapié en la importancia de alegrarse de las buenas acciones de los demás. Una mente que se regocija de los méritos de otros estará más predispuesta a responder favorablemente.

No debemos desaprovechar las acciones o experiencias negativas, juzgándolas como malas, ya que éstas tienen el potencial de conducirnos al camino del despertar, siempre y cuando podamos ver, entender y relacionarlas con el funcionamiento de la mente. Cuando nos enfrentamos a algo desagradable, no es aconsejable perder el control y actuar como nos plazca, agrediendo a alguien o quejándonos. En lugar de caer en la frustración y el enojo, podemos observarnos introspectivamente, para tratar de comprender nuestra reacción. ¿Por qué nos sentimos tan molestos? E intentamos encontrar la respuesta mirándonos, analizando la forma que tenemos de comportarnos, de hablar y de comunicarnos con los demás. ¿Por qué constantemente terminamos sintiéndonos ligeramente contrariados o dolidos? Tampoco se trata de tapar simplemente lo desagradable, pretendiendo que todo está bien, que no hay ningún problema, y dejarlo pasar. Debemos aprovechar la oportunidad de observarnos cuando nos ocurre algo estresante. De este modo, nos servimos de la situación para ayudarnos a profundizar en la introspección de nuestros sentimientos y nuestras actitudes. Es una forma de entrenamiento de la mente que favorecerá nuestra comprensión de las características del *samsara*.

Cada vez que generamos la *bodhicitta* en nuestros pensamientos, intenciones, acciones y práctica del Dharma, estamos acumulando méritos. Al mantener esta primera intención de ayudar a los demás, nos resultará natural desear que nuestros méritos y resultados positivos les beneficien también. Esto es lo que significa dedicar nuestros méritos a otros seres sintientes. Indudablemente, el beneficio de la dedicación es doble: reduce el apego al yo y orienta la mente hacia los demás.

A menudo nos imponemos ser perfectos, siguiendo este tipo de diálogo interno: *"Tengo que hacer esto, no he hecho aquello tan bien"* o *"no puedo hacer esto, es demasiado para mí".* No necesitamos estresarnos de este modo sino que funcionamos conforme a nuestra capacidad en lo cotidiano, dejando de lado las presiones y obligaciones innecesarias o la fuerza de la costumbre. Aunque estas tendencias no son negativas en sí mismas, siguen impidiéndonos ser espontáneos, sin caer en la impulsividad.

Por ahora, haremos lo que podemos, cuando podemos, tratando de entender el significado de nuestros pensamientos y acciones a la luz de las enseñanzas del Dharma. Este tipo de reflexión nos va a permitir entender cómo poner en práctica las enseñanzas de Buda. Si no llevamos a cabo una evaluación metódica de la validez de estas enseñanzas, es posible que sintamos la obligación de seguir lo que se nos propone, sin entender por qué, y nos mantengamos por tanto en nuestro modo de funcionamiento habitual. Así no vamos a experimentar un cambio profundo. En todo caso, albergaremos buenos deseos para los demás, lo cual será beneficioso, pero no accederemos al valor real de las enseñanzas. Tenemos que comprobar que las enseñanzas del Dharma tienen sentido y nos ayudan en nuestro día a día. Y cuanto más analicemos esto, más nos acercaremos a su significado real y más fácil será entenderlo. Descartar las enseñanzas por considerarlas demasiado difíciles o imposibles de aplicar es un obstáculo. El proceso normal es que nos demos cada vez más cuenta de lo que las enseñanzas significan y en qué medida nos benefician a todos, lo que a su vez revertirá en que seremos naturalmente una ayuda para los demás.

Orientados a ayudar

Merece la pena advertir de un posible peligro a la hora de aplicar la actitud altruista propia de la mente del despertar. Orientarse al beneficio de los demás no significa que deliberadamente tenemos que dirigirnos a todo el mundo para ver cómo ayudarles. No debemos imponernos la misión de transmitir un mensaje o de tener que ayudar forzosamente. La idea no es tan importante como lo que en realidad significa. El verdadero sentido constituye esta verdad que nos ofrece una forma distinta de pensar, de actuar y de ser a la habitual. Es una nueva puerta que se nos abre.

A menudo nos identificamos por el trabajo que hacemos, el rol familiar que tenemos y/o nuestra condición social. Eres "tal y cual" de una posición social, de algún cargo en una organización. Cuando nos identificamos con tales roles perdemos la visión y el sentido de quiénes somos en realidad. Todo cobrará sentido cuando consigamos aclarar muchas de nuestras dudas respecto a nuestro funcionamiento, actitudes y acciones, gracias al análisis y a la aplicación de las enseñanzas. Todo se colocará en su lugar de forma natural. Cuando nos conectamos con las enseñanzas, nuestro recorrido va a ser similar al de subir una montaña. Sabemos que en la cima hay buenas vistas y podremos ver todo con claridad. Pero de momento estamos en la base de la montaña y el campo de visión que tenemos es limitado. A medida que subimos la montaña vemos cada vez más. Del mismo modo, cuanto más apliquemos y practiquemos la enseñanza, mayor será nuestra comprensión y con más claridad percibiremos. Claridad que nos va a permitir saber cómo ayudar a los demás eficazmente. De manera que la cuestión sobre cómo ayudar a los demás se vuelve más bien una cuestión de cómo obtener más claridad sobre nuestra condición y la de los demás. Sólo entonces podremos llegar a ser útiles y realmente de ayuda, lo cual ocurrirá además de forma natural.

Vincular nuestra motivación cada vez más a la *bodhicitta* revertirá en nuestra forma de hablar y en nuestra actitud; nuestros actos serán mucho más correctos y auténticos. De lo contrario, la actitud del despertar es una buena idea que puede quedarse sólo en teoría, sin terminar de funcionar. Sobre todo se hace evidente en nuestra vida diaria, al relacionarnos con amigos y familiares, cuando vemos que todo el mundo quiere hacerlo bien, pero las cosas no funcionan; falta algo. Las buenas intenciones y la buena voluntad no son suficientes. Si no disponemos de la suficiente claridad, seremos incapaces de discriminar entre lo que se necesita y sirve de ayuda y lo que no. Por tanto, hay que cultivar la claridad

antes de poder determinar qué es importante y beneficioso para los demás.

Estamos constantemente tomando a los demás como
modelos a seguir. Por ejemplo, elegimos vestirnos con
un estilo y colores que estén de moda, copiando lo que
vemos. Es un hábito. Alguien nos impresiona por algo
y le imitamos sin cuestionarnos mucho sus cualidades
como persona u otras cosas. Tendemos a seguir lo que
hacen otros de forma un tanto superficial. No quiere
esto decir que no sea adecuado tener modelos a seguir.
Pero cuando practicamos la enseñanza de Buda que re-
comienda mantener una conducta ética, actuando de
forma positiva y evitando crear causas de sufrimiento,
deberíamos analizar lo que estamos haciendo y por qué.
Encontraremos que esta es la manera de liberarnos de
las condiciones del *samsara*, aumentando así gradualmente nuestra comprensión y profundizando cada vez
más. De lo contrario, nos mantenemos en nuestro reite-
rado funcionamiento. No obstante, es importante saber
que todo cambio lleva su tiempo y que no ayuda en absoluto la urgencia de obtener resultados.

El término "ilusión" se utiliza para describir la condición en la que nos encontramos. Pero es una noción
que requiere precisión en su significado. Lo que viene
a señalar es que estamos atrapados en nuestra superficial forma de percibir que nos impide ver más allá. Tomemos el ejemplo de la comida. Cuando ingerimos un
plato cocinado quedamos atrapados en el sabor de los
condimentos; los sabores salados, dulces o amargos van
a capturar nuestras papilas gustativas. Como resultado,
no llegamos a degustar el sabor natural de las verduras
per se. Pero si prestamos más atención al sabor que sub-

yace a los condimentos, comprobaremos que cada verdura goza de su propio gusto y textura, que además son únicos. Es solo un ejemplo. Igualmente, cuando estamos atrapados en nuestra propia ilusión, no podemos percibir más allá de la misma. Esto no significa que creamos que nuestra vida es una ilusión y que nada es real. Las cosas a nuestro alrededor aparecen como reales ahora mismo: para nosotros es la realidad. Más bien significa que tenemos que ser conscientes de nuestra condición y saber que es posible ir más allá de lo que estamos acostumbrados. Con claridad, nos acercaremos cada vez más a percibir las cosas como realmente son. Como indica el dicho, "hay más de lo que el ojo ve a simple vista". Cuando decimos que las enseñanzas de Buda son muy profundas, no nos referimos a que son complicadas. Por el contrario, las enseñanzas son sencillas, pero hace falta claridad para captarlas. De hecho, todas las explicaciones están ahí para ayudarnos a evolucionar hacia esa claridad y esa comprensión profunda. Son instrucciones para que sepamos identificar nuestro funcionamiento. Cuando sabemos, ya no nos vemos atrapados por nuestras tendencias y emociones. Al igual que en el ejemplo del sabor de las verduras, ¿creéis que somos capaces de reconocer el verdadero sabor de la zanahoria o de la col? Pensamos que sabemos, ¡pero quizás no sabemos realmente!

El mismo funcionamiento se aplica a la práctica meditativa. Asistimos a enseñanzas, recibimos instrucciones, y así tenemos alguna idea. Pero ¿cómo utilizamos en lo concreto estas ideas? De hecho, no sabemos exactamente cómo. Por ejemplo, se hace hincapié repetidamente en la importancia de "escuchar, reflexionar y meditar" sobre las enseñanzas. Pero, ¿qué significa escuchar realmente? Sabemos lo que quiere decir, pero no siempre escuchamos adecuadamente. Nuestra escucha está teñida por nuestras tendencias. Por ejemplo, si hablamos de jardinería con alguien que nos instruye sobre distintos tipos de flores y técnicas, nuestra comprensión va a estar sujeta a nuestra experiencia previa en jardinería y a lo que estamos acostumbrados. Es un proceso que ocurre de forma automática: la mayoría de las veces creemos que entendemos lo que estamos escuchando pero, en realidad, lo que ocurre es que reconocemos solo aquellos conceptos que nos son familiares. Es decir, ¡nuestro saber está limitado por nuestro conocimiento! En consecuencia, no escuchamos adecuadamente. Sin embargo, cuando escuchamos, necesitamos reflexionar para aumentar nuestra comprensión. En las enseñanzas, a esto se le llama escuchar con precisión, mirar con precisión y leer con precisión. Esto es posible cuando ya no estamos atrapados por nuestras tendencias y condicionamientos habituales.

Una comprensión clara conlleva reconocer la naturaleza fundamental de los seres. De momento, decimos que estamos confusos y limitados. Confusión que se aplica a todos los problemas, las distracciones e incluso el bienestar que sentimos. En otras palabras, vivimos en constante confusión sobre todo lo que experimentamos en el momento. Por esto es por lo que la confusión en nuestra existencia va en circuito cerrado, como el *samsara*. No obstante, tener claridad sin confusión alguna no es algo milagroso porque cada uno de nosotros tiene esa capacidad o potencial de claridad de la mente. La dificultad reside en nosotros, son nuestras tendencias vinculadas a un estado de confusión en la mente las que no nos permiten ver con lucidez. Así, los desafíos de la vida diaria parecen complicados y no sabemos qué hacer con ellos, cuando en realidad son relativos y únicamente tenemos que trabajarlos.

Desde una perspectiva de claridad mental, todo es simple. El Buda enseñó que tenemos que simplificar. Algunas personas malinterpretan esto creyendo que deben renunciar a todo y no hacer uso de la tecnología ni de aparatos modernos en su vida cotidiana. De hecho, nuestra mente no será más simple por renunciar a todo. La simplicidad de la que el Buda hablaba se refiere más bien a la claridad mental interior. De hecho, las complicaciones provienen de una falta de comprensión precisa. Así pues, Buda dijo que debemos practicar y simplificar.

Nuestra paz proviene de ver y comprender con claridad. Estar en paz implica dejar de depender de los demás y apoyarnos en nosotros mismos. Podríamos incluso llegar a vivir en un lugar retirado y solitario, pero el budismo Mahayana[16] explica que si queremos obtener claridad mental tenemos que integrar a los demás. Puede resultar extraño, pero en realidad se trata de una cuestión práctica. Cuando meditamos solos en silencio y sin hacer nada, nuestra mente no se encuentra con mayores complicaciones. Por el contrario, todo parece sencillo. Incluso podemos llegar a obtener buenos resultados. No obstante, si queremos profundizar en la claridad de la mente, necesitamos interactuar con los demás, relacionarnos con las personas. Sin lugar a dudas nos referimos

---

16 "Mahayana" (en sánscrito, "gran vehículo"). El Mahayana es una forma particular de budismo, que emplea la práctica de los medios hábiles (con la gran compasión como método) y cultiva la sabiduría que comprende la vacuidad del yo y de los fenómenos (Shamar Rinpoche, *El camino al despertar*, La Remuée, Ediciones Rabsel, 2011).

a la *bodhiccita*. Interactuar con los demás", en este contexto, no describe la forma habitual de relación que tenemos con nuestros compañeros de trabajo. Más bien se
refiere a relacionarnos desde una actitud ética adecuada,
que aplicaremos a todas las situaciones de la vida. Es
así cómo conseguiremos una comprensión clara que no
lograremos sólo a través de la meditación.

Puede parecernos discordante, sin embargo, tiene
realmente sentido. El propósito del camino budista es
enseñarnos a trabajar con nosotros mismos para ser
capaces de ayudar a los demás. A través de la práctica
meditativa podemos lograr cierta claridad, lo que inevitablemente tendrá una influencia en nuestra vida
diaria. Incluso podemos intentar aplicar lo que hemos
aprendido, siempre y cuando no sea forzándonos o por
obligación, adquiriendo así un cierto grado de relajación. Esperamos a que aparezcan oportunidades para
poner en práctica lo aprendido, en base a una buena
motivación fundamentada en una buena comprensión.
No importa si a veces lo olvidamos porque siempre se
presentará otra oportunidad. Así pues, tan pronto como
tengamos que afrontar una situación difícil, recordare-
mos las enseñanzas de manera natural. No hay que cometer el error de abandonar cuando lo hemos intentado
una vez y no nos funciona. Una vez más, no hay prisa.
Ocasionalmente y cuando sea oportuno, aplicaremos
las enseñanzas de forma conveniente. Porque si intentamos aplicarlas a la fuerza a cualquier situación, será
contraproducente y despertará emociones y tendencias
habituales que añadirán confusión a la misma. Hay que
relajarse y tomarse el tiempo necesario. Esto no significa
dejar de involucrarse en cada situación, sino más bien
esperar al momento adecuado.

Un problema habitual consiste en que no queremos dedicar el tiempo necesario para entender bien las cosas. Como consecuencia, todo parece extremadamente complicado. En muchas ocasiones, lo único que necesitamos para aclarar la confusión es más tiempo, más explicaciones y una mejor comunicación. Pero simplemente no lo hacemos, porque somos reacios a invertir nuestro tiempo; así, el problema persiste. Es como si no tomamos el antídoto, el veneno permanece; con nuestras tendencias y nuestros hábitos pasa lo mismo. Es fundamental, por tanto, dedicar tiempo a escuchar y reflexionar convenientemente, como se ha dicho anteriormente.

Cuando nos relacionamos con sus nuestros hijos, por ejemplo, o con cualquier persona en general, podemos tratar de prestarles atención y dedicarles el tiempo necesario para escuchar y comunicarnos apropiadamente. Al hacerlo, evitaremos multitud de problemas y, si surgen, seremos capaces de resolverlos. Pero habitualmente tenemos tendencia a no involucrarnos demasiado en las situaciones para ahorrar tiempo. Incluso a veces, la razón para no implicarnos es que no sabemos cómo hacer para ayudar. Pero cuando tenemos la oportunidad de ayudar, debemos tomarnos el tiempo necesario para hacerlo. De lo contrario, los problemas continuarán reproduciéndose. Las enseñanzas nos recomiendan desarrollar la paciencia cuando hacemos frente a los problemas e inconvenientes que surgen en la vida. Sólo entonces seremos capaces de dedicar el tiempo y el esfuerzo continuados que nos traerán buenos resultados.

Capítulo 6. La Perspectiva de la Meditación

La meditación (*gom* en tibetano) es la práctica por excelencia del budismo. Con todo, la gente se acerca a la meditación buscando satisfacer sus intereses, objetivos y expectativas personales, a menudo en detrimento del propósito original de la meditación. Bajo este escenario, resulta difícil beneficiarse de los resultados de la práctica de la meditación budista. Sólo una verdadera comprensión de su finalidad última conducirá a implicarse en la práctica apropiadamente. Por eso es necesario comprender la condición particular en la que nos encontramos y realizar los ajustes necesarios a lo largo del camino.

Cuando se habla de la meditación, todo el mundo parece estar de acuerdo con que es beneficiosa, pero no resulta tan evidente comprometerse realmente a practicarla. Nos distraemos y nos desviamos del camino con mucha facilidad. Forma parte de la naturaleza humana: siempre parece haber otras cosas más importantes que hacer en la vida. Como consecuencia, no invertimos el tiempo y el esfuerzo necesarios en meditar.

La enseñanza de Buda se puede abordar de manera superficial, etiquetándola en alguna categoría, como una religión, una filosofía o una disciplina. Desgraciadamente, sin embargo, cuando se hace esto se pierde el objetivo esencial del budismo: vivir una vida ética y significativa orientada a beneficiar a todos los seres sintientes. Todas las enseñanzas del Dharma convergen en este objetivo, y una aspiración genuina a alcanzarlo será como una semilla que crece en el árbol de la realización, dando el fruto del completo despertar.

De momento, los velos de la mente solo nos permiten continuar funcionando de manera ordinaria, lo que a menudo resulta complicado y problemático. Tendemos a esperar que alguien nos cuide y se haga cargo de nuestras responsabilidades, en lugar de aclararnos y resolver nuestros propios problemas. Pero esperar que esto ocurra no conduce a nada. Al contrario, si invirtiésemos más esfuerzo y trabajásemos realmente por comprender mejor las cosas, no hay duda de que obtendríamos resultados. La razón por la cual preferimos delegar en otra persona es por nuestro miedo a no conseguirlos, así como por pereza y cierta reticencia a implicarnos. Si nos observamos en profundidad, comprobamos que estos obstáculos existen y que de algún modo nos inmovilizan. Hemos de entender los motivos por los que algunas situaciones de la vida nos resultan difíciles. Veremos que quizás no nos esforzamos lo suficiente o que nos falta la confianza necesaria para "saber hacer".

Todos tenemos problemas y no nos gustan. Incluso sabiendo cómo resolverlos, a veces no sentimos el impulso de intervenir porque nos falta coraje, dudamos y nos bloqueamos. Así es como solemos actuar en la vida en general y no es distinto cuando se trata del Dharma. Aunque el Dharma en realidad es mucho más fácil; de hecho, no hay tanto que aprender y estudiar como en el ámbito académico o profesional. Sin embargo, es indudable que la práctica del Dharma nos reportará grandes beneficios y también beneficiará a los que nos rodean; además, nuestro funcionamiento en la vida cotidiana mejorará notablemente. Por tanto, la enseñanza de Buda merece un compromiso real por nuestra parte.

El Refugio y la Mente del Despertar como requisitos previos

Es importante vincular la meditación o cualquier práctica budista con el significado del refugio y la mente del despertar (*bodhicitta*). La motivación de alcanzar el despertar para el beneficio de todos los seres es fácil de entender, pero es más difícil de acometer. Asimismo, la integración del sentido exacto del refugio no se consigue fácilmente.

La toma de refugio no es sólo una ceremonia formal que marca la entrada al camino budista, sino que es una conexión real con el Buda, el Dharma y la Sangha. Cuando tomamos refugio, queda implícito que hemos decidido establecer tal conexión. Si reflexionamos, veremos que el refugio en realidad nos orienta a comprender y aceptar el sentido de la enseñanza de Buda. Simbólicamente, esta enseñanza se representa con los textos budistas, pero su sentido real reside en quiénes somos y cómo actuamos. Tomar refugio en el Dharma es estar protegido por el sentido mismo de las enseñanzas. El problema es que fracasamos en ponerlas en práctica porque olvidamos vincularlas con nuestra vida diaria. No hay que olvidar que, en la medida en que nuestros pensamientos y nuestras acciones sean congruentes con las enseñanzas, estaremos protegidos de cometer acciones negativas y de sus resultados, en esta vida y en vidas futuras.

Hoy en día, la gente toma refugio por diferentes motivos. Hay personas que no están especialmente insatisfechas con su vida, pero sienten que les falta algo. Otras que sienten la necesidad de entender algún tipo de insatisfacción que están experimentando. Algunas personas tienen problemas para relacionarse con los demás a causa del odio, la agresividad o la ira. Todos son problemas inherentes al ser humano, cuya motivación fundamental es buscar respuestas; todos "queremos saber". El Buda dio las enseñanzas del Dharma para satisfacer estas necesidades; en realidad es un camino para llegar a comprender la realidad de las cosas.

Una buena comprensión de lo que es la mente del despertar constituye una condición previa para acceder al significado del Dharma. Si no entendemos el concepto de "la mente del despertar" o no somos capaces de aplicarla, nuestro conocimiento de la enseñanza comportará lagunas. La *bodhicitta* siempre nos vincula a los demás. Es posible tomar refugio pensando sólo en uno mismo, pero esto conllevará numerosos obstáculos en el camino y el que no logremos avanzar.

Gampopa insistió en que el Dharma es el camino adecuado y que todo progreso real va a depender de la *bodhicitt*a. La motivación de la mente del despertar consiste en la aspiración de que todos y cada uno de los seres se liberen del sufrimiento. En general, todo el mundo quiere encontrar alivio al sufrimiento o evitarlo. En este contexto, cuando se habla del sufrimiento, no se refiere únicamente al dolor físico sino que incluye todas las formas de insatisfacción: tanto los sufrimientos relacionados con las condiciones de la vida en general, como las experiencias individuales. La cuestión es saber cómo evitar el sufrimiento. Existen numerosos métodos y explicaciones para ayudarnos a que todo ocurra en armonía; todos se resumen en la misma idea: adquirir una comprensión adecuada de los puntos de referencia del Dharma. En caso contrario, seguiremos atrapados en el ciclo de existencias, dedicándonos a satisfacer nuestras expectativas y apegos, perpetuando nuestro ciclo interminable de deseos y sufriendo inevitablemente.

El proceso es a menudo el mismo: tengo un problema y quiero resolverlo. Para ello necesito claridad mental, de modo que me comprometo en la práctica del Dharma. Al mismo tiempo, me doy cuenta de que, incluso sirviéndome de los métodos que tengo a disposición, no soy capaz de resolver mi problema original. Practico la meditación desde hace tiempo y no veo mejoras sustanciales. Tengo algún resultado, pero todavía no me siento libre y los problemas continúan. ¿Por qué me ocurre esto? La respuesta es que necesito cultivar la actitud de la mente del despertar para conseguir liberarme completamente. Un análisis honesto me llevará a comprobar que es mi apego al yo lo que me está impidiendo ver las cosas tal como son en realidad. Y para conseguir entender cómo funciona este apego al yo tengo que referirme a las enseñanzas. El Buda señaló la ignorancia fundamental común a todos los seres como la raíz de todos los problemas. Al entender esto, dejaré de marcar la diferencia entre el yo y los otros. Asumir la universalidad del sufrimiento se convertirá en un estímulo para ayudar a los demás. Cultivando esta actitud solidaria y empática hacia los demás, encontraré una salida a mis problemas. La solución se halla en las enseñanzas, de modo que mi compromiso a estudiar y practicar el Dharma se verá reforzado.

Tan pronto como seamos conscientes de que en realidad no existe ninguna diferencia entre el yo y los demás, comenzaremos a ver todo distinto. Sentir que podemos hacer algo por los demás provocará de algún modo que todo funcione. En realidad este deseo altruista es nuestra naturaleza básica y solo tenemos que experimentarlo genuinamente para que se realice. No va a funcionar si creemos que debemos ayudar a los demás solo para poder resolver nuestros problemas, sin preocuparnos realmente de sus necesidades. La diferencia radica en la actitud y la motivación por la que lo hacemos. Ver que los demás tienen problemas y tener el deseo genuino de ayudarles es una actitud que, a su vez, transformará nuestra mente. En cambio, si ayudamos a los demás con el fin de que esta acción nos ayude a nosotros no va a funcionar. Son distintas motivaciones y se confunden fácilmente. La actitud altruista de la *bodhicitta* surge de manera espontánea y natural; al practicarla, nos preocuparemos por los demás, al tiempo que gozaremos de claridad mental. Como resultado del karma y los méritos acumulados, tendremos una visión apropiada. Así pues, depende de nosotros el pensar y actuar de acuerdo con nuestras capacidades.

Debemos estar atentos a los pensamientos discriminatorios, tales como, "esto me gusta, esto no me gusta", y tratar de ser más neutrales y ecuánimes en la forma de relacionarnos con las personas y las cosas en general. Discriminar es lo contrario de percibir la igualdad de la condición humana y podemos caer en pensamientos del tipo, "es una mala persona, debería pagarlo". En cuanto nos alejamos de la mente del despertar, experimentamos todo tipo de contradicciones. Es importante, por tanto, estar atentos a este tipo de pensamientos y considerar las situaciones con más detenimiento. No obstante, si tratamos de analizar las cosas sólo desde la lógica, juzgaremos y nos centraremos en los errores y defectos de lo que vemos, a lo que les seguirán más juicios.

Desarrollar la actitud de la mente del despertar requiere tomar conciencia de que todos los seres están sometidos a las mismas condiciones. En base a esta noción, podremos ayudar a los demás, desarrollando así nuestras capacidades. Todos tenemos el potencial de la ecuanimidad; es más, la *bodhicitta* forma parte de nuestra verdadera naturaleza. De algún modo, no necesitamos desarrollar estas cualidades porque, si observamos profundamente, encontraremos que ya las poseemos.

Adoptar una actitud de la mente del despertar no significa que nos tiene que gustar todo el mundo, sino que se trata de reconocer que la condición básica de todos los seres es la misma. Reconocimiento que nos va a abrir la mente a percibir todo de otra manera. Resultaría extremadamente difícil lograr que todas las personas nos gusten y, como se ha mencionado, tampoco es este el objetivo. Nuestro objetivo es la ecuanimidad.

Por ejemplo, tomemos a una persona a la que le gustan las aves, pero que tiene miedo de los insectos. Esta mirada parcial puede derivar en que esta persona sólo quiera prestar su ayuda a los pájaros y no entienda por qué hay que ayudar también a los insectos. Un tipo de discriminación que trasladamos también a las personas, pensando "me gusta esta persona, pero detesto a esta otra" y aunque tratamos de modificarla, no podemos. Únicamente cuando somos capaces de reconocer la realidad universal de que la condición básica de todo el mundo es similar, podemos tener una mirada más equitativa hacia el mismo. Aun cuando se trate de alguien que no nos guste, podemos prestarle nuestra ayuda, porque entendemos que todos experimentamos dificultades; una ayuda que puede ser incondicional y sin esperar nada a cambio. Esto es lo que puede considerarse la aplicación adecuada de la *bodhicitta* junto con la recta comprensión.

Los múltiples oscurecimientos de la mente cubren nuestra visión de las cosas. Si analizamos el ejemplo de la persona que siente aversión hacia los insectos, en realidad no encontraremos ninguna razón de peso para considerarlos detestables o ni siquiera un problema. Tampoco quiere decir que necesitamos tenerlos en casa; de hecho, es normal que no los queramos en nuestra habitación. Pero echarlos fuera de la casa no conlleva perder el espíritu de la *bodhicitta*. Esto es sólo un ejemplo de cómo funcionamos cada vez que no nos gusta algo o alguien. Nos aferramos a una idea que, si la cuestionamos un poco, comprobamos que realmente carece de fundamento. Dedicando el tiempo necesario a examinar los conceptos o juicios que tenemos, veremos cómo se disuelven, al tiempo que la mente retorna a su claridad original. En las enseñanzas budistas se comparan los pensamientos con las nubes en el cielo que se van disipando para dejar ver el sol. Las nubes desaparecerán por sí solas, dejando ante sí un cielo despejado.

Cuando tenemos prejuicios con las arañas, por ejemplo, mantenemos opiniones sobre ellas para justificarnos: son feas, peligrosas y venenosas. Pero si tomamos en consideración la condición en la que viven las arañas, podremos aceptar el hecho de que los insectos tienen una forma física distinta a la nuestra pero poseen una mente. No nos tienen por qué gustar especialmente, pero podemos valorar el hecho de que también quieren vivir. Esto hará que ya nunca más deseemos hacerles daño, e incluso que queramos evitárselo. Reconsiderando por tanto la condición de las arañas y mirándolas de otra manera, compensaremos o neutralizaremos los prejuicios que teníamos y dejaremos atrás la rabia, la aversión y el rechazo que sentíamos. Es más, nuestra mente estará en paz.

El mismo cambio de visión se puede extender a las personas que nos rodean. Es natural que no nos guste todo el mundo, pero podemos entender que la naturaleza de todos los seres es semejante y que todos sin excepción están sujetos a condiciones similares. Reflexión que nos dará la claridad necesaria para liberarnos de la ignorancia y ser más autónomos.

No hacen falta técnicas sofisticadas para determinar el significado de la *bodhicitta*; las situaciones de la vida cotidiana nos brindarán la oportunidad de comprender con claridad la mente del despertar, cada vez que intentamos ponerla en práctica. Se trata entonces de practicar la *bodhicitta* en todo momento y de manera natural. De este modo, se irán disipando los problemas. No importa el tipo de práctica que hagamos, meditación o cualquier otra; si sabemos que nuestro objetivo fundamental es ayudar a los demás, incluyéndonos a nosotros mismos, estaremos practicando. Desde una lucidez y comprensión interior naturales, fruto de la práctica, aplicaremos la mente del despertar. Y hasta que esto ocurra, normalmente nuestra comprensión de la *bodhicitta* será limitada. No quiere decir esto que sea una limitación difícil de superar, pero requiere tiempo. Lo mismo que los Bodhisattvas han desarrollado la capacidad de la claridad y la lucidez, igualmente nosotros tenemos este potencial. Decimos que tienen una mente sólida y capaz, además de disponer de energía y de ser felices. A nosotros no nos resulta tan fácil mantener ese estado de ánimo y por ello necesitamos integrar el sentido profundo de la mente del despertar y permanecer vinculados al mismo. Ganaremos en claridad en lugar de confusión; aunque todavía tengamos problemas, sabremos cómo lidiar con ellos para que nos dejen de controlar y que no tengamos que sufrirlos más.

Los soportes de la meditación

Existen muchas formas de meditación, pero básicamente meditar significa mantener la mente estable. Es el método que nos llevará a experimentar una mente despierta. Para tener éxito en la práctica meditativa, debemos prepararnos cumpliendo ciertas condiciones. Tenemos que ir más allá de una comprensión teórica, dispuestos a salirnos de nuestros referentes habituales, para vivir y practicar con mayor claridad y precisión.

Esta es la forma de acercarnos a la meditación con la actitud y las expectativas apropiadas.

Los maestros realizados del pasado, en India y en Tíbet, diseñaron prácticas de meditación simples, con el fin de ayudar a los practicantes. "Simple" en este contexto no se refiere a fáciles y rápidas, como si presionásemos un botón, sino más bien a que la metodología fue diseñada de tal forma que incorpora los puntos esenciales. Pero va a depender de nosotros el dedicar el tiempo necesario a aprender estos métodos, su significado y ponerlos en práctica, para que nuestra comprensión no sea superficial. De otro modo, las dudas, las críticas y las expectativas pueden retrasar nuestro progreso. Adquiriremos así una base sólida que se traducirá en beneficios inmediatos.

No obstante, las personas que practican para conseguir los mismos resultados que los grandes maestros del pasado no deben precipitarse. Es normal querer precipitarse; de hecho tenemos constantemente la expectativa de que las cosas sucedan con éxito y resultados rápidos. Tampoco queremos funcionar como un hámster en su rueda, corriendo sin cesar y sin llegar a ninguna parte. Los grandes lamas tienden a utilizar variedad de ejemplos para transmitir la misma instrucción: cuando te sientas a meditar, trata de ser consciente de lo que estás haciendo. Es importante darse cuenta de que a veces nos apuramos en obtener cierto resultado y no dejamos de repetir lo mismo una y otra vez.

A pesar de que requiere tiempo ser precisos en la forma en que entendemos las enseñanzas, es fundamental que lo hagamos. De hecho, esta va a ser la única manera de que cambiemos. Cuando padecemos una enfermedad grave, tenemos que encontrar un remedio que vaya al origen del problema y no sólo que alivie temporalmente los síntomas. Necesitamos algo más que un analgésico para calmar el dolor. Incluso es posible que debamos tomar el medicamento prescrito por un largo periodo de tiempo. El remedio adecuado no suele reportar resultados inmediatos, pero con el tiempo curará la enfermedad sin producir efectos secundarios perjudiciales. Con lentitud, pero con toda seguridad, la salud mejorará. Un tratamiento realmente eficaz debe restablecer nuestra salud a su condición original. Del mismo modo, al practicar la meditación, no queremos experimentar efectos secundarios. Hay prácticas de rápida y potente eficacia que pueden conllevar efectos secundarios si no disponemos de la preparación adecuada. No significa que tengamos que temerlas, sino que cuando lo sabemos podemos tener cuidado. En el camino del Vajrayana, que será comentado más adelante en este libro, el fruto de la práctica no se obtiene siempre de forma inmediata. No hace falta que nos presionemos para conseguir resultados, porque la comprensión emergerá poco a poco y sin prisa. Tampoco es necesario evitar la práctica o actuar de forma vigilante y comedida. Simplemente se trata de practicar a la vez que somos cuidadosos. Esta actitud se puede aplicar a todo lo que hacemos, tanto si se trata de mejorar la salud, como la forma de comportarnos, la práctica o nuestro estado de ánimo, ya que el proceso es el mismo. Transitamos el camino paso a paso, gradualmente, y siendo precavidos.

Con respecto a la práctica meditativa, es fundamental tener en cuenta algunos puntos esenciales que se han considerado como una forma de disciplina. En este contexto, disciplina no significa control ni que haya que seguir un código de conducta habitual. Por el contrario, la disciplina es lo que nos mantiene conectados a las cualidades de los maestros del linaje. La disciplina es necesaria, porque nos proporciona los límites que representan los principios del Dharma, que nos mantendrán en el camino. Las enseñanzas nos ofrecen las directrices para que no nos comportemos ni actuemos negativamente, a la vez que nos recuerdan la importancia de ser naturales y espontáneos. Lo cual no significa simplemente que las cosas sucedan. Es más, a medida que comprendamos el Dharma adecuadamente y estemos comprometidos en su práctica, mejorará nuestra capacidad de atención. En la vida cotidiana, tendremos que reconciliar lo que ocurra, sea importante o no para nosotros, con las directrices aprendidas. Conocemos nuestras capacidades, lo que podemos y no podemos hacer, y en base a esto iremos progresando. De esta forma, todo lo que hagamos sucederá fácil y naturalmente.

Debemos contemplar los puntos esenciales de las enseñanzas, proceso a través del cual surgirán muchas preguntas. Éstas son fundamentales, porque nos conducirán a profundizar más en nuestra comprensión. En general, escuchar o leer una información nos parece suficiente para creer que conocemos el tema en cuestión. De modo que pensamos "Ya he escuchado esto antes" o "Creo que es así". Tendemos a sacar conclusiones rápidamente y la información recibida queda sin cuestionar. Más adelante, cuando recibimos nueva información, nos damos cuenta de que en realidad la primera vez no lo habíamos entendido. Por tanto, se puede decir que de momento nos falta claridad y estamos en la confusión. En la medida en que dediquemos tiempo y esfuerzo a reflexionar con más profundidad, la confusión se irá disipando.

Especialmente con el Dharma, tenemos que combinar la teoría con la práctica. Gracias a la aplicación práctica nos plantearemos preguntas que nos ayudarán a profundizar y buscar más aclaraciones. Este es el procedimiento que se sigue en los conocidos debates como método de aprendizaje de estudios budistas en los países del Himalaya. En realidad, un debate consiste en plantear una serie de preguntas y respuestas con el fin de tener más claridad sobre un tema. Para ser capaz de debatir, la persona debe conocer previamente ciertos conceptos. Durante el debate, estos conceptos van a ser cuestionados a través de argumentos lógicos. Este proceso en sí mismo tiene el efecto de aumentar la capacidad de pensar con claridad, resultando así en una mente más lúcida.

Si leemos las biografías de los maestros del pasado, encontraremos muchos ejemplos de cómo desarrollaron claridad gracias a cuestionarse una y otra vez cada uno de los puntos de la enseñanza. Deberíamos hacer lo mismo aunque a veces nos parezca que su ejemplo no es aplicable a nuestra realidad. Este pensamiento está acompañado de la idea consciente o no de que nunca podremos ser como la gente importante. Este condicionamiento no hará más que disuadirnos de alcanzar una buena comprensión de la enseñanza. Al contrario, debemos analizar lo que leemos e intentar aplicarlo a nuestra vida para poder integrarlo realmente. No cabe duda de que lo que leemos siguen siendo conceptos solamente, sin embargo, estos conceptos van establecer las bases para ayudarnos en la práctica de la meditación.

Por eso vale la pena dedicar tiempo a investigar sobre cómo practicaban los maestros del pasado y a qué cosas daban importancia, para eventualmente ser capaces de discernir lo que es importante para nosotros y comprobar si estamos integrando los puntos esenciales en nuestra práctica.

Seguir el camino del Dharma nos va a permitir abandonar nuestras tendencias y disipar los oscurecimientos de la mente. Las tendencias son muy sutiles y por tanto nos resulta difícil verlas. A medida que leemos las biografías de los maestros, podemos ir profundizando cada vez más porque hay muchas cosas a descubrir en ellas. A menudo nos quedamos fascinados por los detalles de las hazañas y los desafíos que estos maestros tuvieron que franquear y nos detenemos ahí. No hay nada malo con que nos impresionen sus hazañas, pero debemos ir más allá cuestionando los motivos detrás de cada acción y los mensajes que se revelan con cada historia: ¿Cuáles eran sus condiciones?, ¿qué conexiones hicieron estos maestros?, ¿cuáles fueron las consecuencias más significativas? Estas biografías son una importante fuente de conocimiento. Si les prestamos real atención, encontraremos sentido a cada uno de los detalles y deduciremos los puntos esenciales. A su vez, estas reflexiones deberán ser integradas y desarrolladas por nuestra parte de forma que nuestra orientación en la vida y nuestras actitudes mejoren notablemente. Como se ha mencionado previamente, necesitamos aplicar cierta disciplina para seguir conectados con la esencia del Dharma: de ahí la importancia de comprender bien qué es la disciplina. De lo contrario, todo se reducirá a una serie de normas y reglamentos, instrucciones y obligaciones que seguimos de forma mecánica.

Creemos que para ser buenos practicantes del Dharma necesitamos más tiempo y adoptar ciertas formas, pero en realidad lo fundamental es que los puntos esenciales de las enseñanzas sean nuestra referencia. Una vez que conocemos estos puntos, vamos a estar atentos y aplicarlos. Entonces se revelarán los resultados de la práctica y sabremos cuál es el camino para alcanzar el despertar. De lo contrario seguiremos funcionando como de costumbre. Así pues, va a depender de nosotros el que contemplemos y apliquemos la enseñanza para entenderla claramente. Condición que nos preparará para la práctica meditativa. Así pues, el proceso va a ser más fácil: vamos a saber cuánto tiempo tenemos que invertir, qué dirección debemos tomar y qué condiciones debemos tener en cuenta.

Tenemos tendencia a la rigidez mental, que suele relacionarse con el deseo y el apego y que nos conduce al bloqueo. Las enseñanzas nos dicen que todo es interdependiente. Es decir, tenemos que liberarnos de la ignorancia para que nuestra verdadera naturaleza se revele; la ignorancia es la causa del sufrimiento y, para liberarnos, necesitamos orientar la mente de otra forma. Para encontrar la orientación adecuada no debemos caer en el apego que nos bloquea. El apego, que no deja de ser un hábito mental profundamente arraigado, es indudablemente difícil de erradicar. El proceso de la interdependencia de las cosas funciona de esta manera: las tendencias continúan formándose y creciendo con más intensidad en base a este apego básico. Incluso la forma en que nos relacionamos con las enseñanzas es una forma de apego difícil de abandonar.

¿Cómo lidiar con este apego? Manteniendo una mente estable, para ser capaces antes o después de reconocer el significado de "aferrarse" y de cómo liberarse. El grado de dificultad también varía en función de los individuos. Algunas personas comprenden el proceso inmediatamente, mientras que otras encuentran más problemas. La teoría puede parecer fácil, pero ponerla en práctica desvela su dificultad. Independientemente de las diferencias individuales, la clave consiste en tomárselo con calma o, en otras palabras, no aferrarse. El apego aparece en el momento en que creemos que algo es demasiado complicado o demasiado difícil. Tampoco se trata de caer en el descuido y simplemente dejar pasar las cosas. Queremos guardar un equilibrio. Aplicado a la práctica meditativa, simplemente meditamos y todo está bien. Más adelante, iremos ajustando o corrigiendo algunos aspectos de la meditación. No obstante, si durante la meditación nos aferramos a ello, a esto le seguirán más obstáculos. Incluso cuando creemos que estamos meditando bien, si nos aferramos a nuestro progreso, cometemos otro error. Por tanto, se trata de permitir a la mente estar simplemente de manera apacible y equilibrada.

En general, nos gustaría deshacernos de la ilusión en la que vivimos, pero no es posible. Permaneceremos presos de esta ilusión, causada por la ignorancia fundamental, hasta que no alcancemos el estado de Buda. La ilusión se va a ir disipando gradualmente por sí misma, a medida que se revele nuestra naturaleza básica. Las enseñanzas budistas señalan que el sufrimiento y las condiciones del *samsara* son una oportunidad para entender el funcionamiento la mente. Examinando nuestra propia condición ganaremos en claridad. No obstante, este desarrollo no es algo que podamos experimentar como una sensación, no podemos sentir que la ignorancia está disminuyendo, que tenemos claridad en la mente, o que no estamos tan presos de la ilusión. Este tipo de mejora no es algo que podamos experimentar directamente, sino que aflorará porque influirá en como funcionamos.

Cuando empezamos a descubrir nuestro funcionamiento, no cambiamos de inmediato de forma visible, incluso aunque estemos progresando. Como no vemos el resultado, a menudo la práctica nos parece difícil. Pero este tipo de evolución es muy diferente a lo que ocurre en la vida cotidiana: nuestro trabajo produce resultados evidentes y relativamente rápidos. Para comprender el funcionamiento de la mente, no debemos esperar resultados inmediatos y evidentes.

Nuestras circunstancias vitales constituyen un recurso muy útil para profundizar en nuestra comprensión. Las condiciones individuales de cada persona son únicas: la forma de vida a nivel relativo, el karma y la capacidad de comprensión difieren entre cada persona. Asimismo, el karma no es definitivo ni está consolidado. No obstante, las enseñanzas nos conducirán a todos en la misma dirección. Se trata por tanto de tener el Dharma siempre en mente y adaptar nuestra vida en consecuencia, incorporando los cambios necesarios conscientemente. Queremos mantener la conciencia despierta, teniendo que ser más flexibles a veces; sin embargo, en otras ocasiones, demasiada flexibilidad podría llevarnos al descuido. Si somos demasiado rígidos tampoco tendremos el espacio suficiente. Mantener un equilibrio en nuestro grado de flexibilidad permitirá que trabajemos más eficazmente con las dificultades.

Estas instrucciones pueden resultar simples pero hay que aplicarlas para poder evolucionar de esta manera. Reflexionando sobre el sentido más profundo de las enseñanzas y sus principios, y relacionando los distintos puntos esenciales entre sí, descubriremos otra manera de ser. En otras palabras, seremos capaces de percibir las condiciones que nos rodean, en todo momento y con gran claridad. Reconociendo lo que nos ocurre nuestra práctica será constante. Cada instante, cada situación y cada estado mental será importante, porque todo se convertirá en una oportunidad para reconocer el funcionamiento de la mente.

Trabajamos con nosotros mismos para tener mayor certeza sobre el funcionamiento de la mente humana. Las bases para ello son: el refugio, la *bodhicitta* y la meditación. La claridad proviene de la comprensión de la naturaleza del pensamiento conceptual, de los seres y de todas las condiciones, y se consigue gracias a la práctica de la meditación. La meditación budista se considera algo más que una técnica para lograr un resultado, porque va a conducirnos a comprender la naturaleza del yo y de los otros, lo que finalmente conllevará reconocer la verdad última de todo. Esta es la base teórica, el proceso a través del cual todos los ingredientes se combinan para lograr el significado exacto y preciso del Dharma. Tratamos de entender y reflexionar diligentemente sobre todo aquello relacionado con nosotros mismos y los demás. Todo se convierte en una oportunidad para que se manifieste la mente en toda su claridad y sin obstrucción alguna.

El método principal es la meditación pero, en nuestra vida diaria, trataremos de hacer uso de todas las

condiciones que se nos presenten. Sean buenas o malas
utilizamos todas las situaciones para ganar en comprensión. Esto no significa que tengamos que estar constantemente buscando fuera. Simplemente, si ocurre algo,
somos conscientes de ello y lo utilizamos si podemos.
Pero no todo lo que ocurre puede ser utilizado en su
desarrollo, por lo que es mejor relajarse. Por lo general,
estamos en la confusión sintiéndonos presionados, nerviosos, distraídos, y no muy satisfechos porque las cosas
nos parecen impredecibles y muy inestables. El problema es que nuestro estado emocional de algún modo va
a colorear nuestras experiencias, a no ser que tengamos
claridad suficiente sobre el estado de nuestra mente. Ver
las condiciones mentales con claridad va a disipar la negatividad. Por ejemplo, estamos enfadados y, aunque somos conscientes de ello, no reaccionamos negativamente atacando a la gente. Simplemente somos conscientes
de nuestra ira, sin dejarnos actuar bajo su influencia.
Significa que nuestra mente tiene mayor claridad por
no dejarse influir por las emociones, de manera que las
situaciones de la vida se vuelven más fáciles de manejar.
Nuestras acciones serán más apropiadas y justas, siendo
capaces de ayudar a los demás de una manera más efectiva. Esta es una forma natural y sin forzar de desarrollar
una mente clara.

Capítulo 7. La Meditación

La meditación permite que la mente permanezca en su condición natural. En este contexto, "natural" significa estar en el momento presente. La condición natural de la mente hace referencia a su esencia, es decir, a su propia naturaleza que es claridad.

Decimos que la naturaleza de la mente es luz o claridad. Pero no se refiere a la luz como la conocemos: la luz del sol o la luz de una bombilla. En este caso, "luz" significa claridad, lucidez. Pensamos equivocadamente que al meditar va a aparecer ante nosotros un rayo de luz o algo claro. Por eso es importante no tomar el sentido literal del término. Solamente practicando llegaremos a entender su verdadero significado. Si nos quedamos atrapados por el concepto, podemos caer en la confusión, porque tratamos de perseguir lo que esperamos que ocurra. A veces podemos incluso creer que lo tenemos claro cuando no es así. De hecho, este tipo de error va a nublar nuestra mente. Todos los términos como lucidez, clara luz, o iluminación tienen connotaciones con la "luz", lo mismo que en un cristal que brilla y refleja la luz de forma natural.

Lo opuesto a la claridad es la falta de claridad u oscuridad. Esta falta de claridad se refiere a la cantidad de pensamientos que nublan nuestra mente cuando nos sentamos a meditar. El tipo de meditación denominado *shiné* en tibetano, o la práctica de la calma mental, nos entrena a poder permanecer en un estado de paz mental. La práctica de la meditación *shiné* provoca que los pensamientos se calmen y cesen, dejando una mente en paz y, por tanto, en plena de claridad.

Los oscurecimientos cubren la verdadera naturaleza de la mente. Nuestros pensamientos oscurecen nuestra visión, lo mismo que el vapor en una bola de cristal, que dejará de ser translúcida. El origen de los oscurecimientos de la mente es la ignorancia fundamental. Algunas personas piensan que la ignorancia es un estado oscuro lleno de negatividad, pero no es así. De hecho, podemos tener muchas ideas y pensamientos brillantes al mismo tiempo que está presente la ignorancia. Aunque la naturaleza de la mente es clara y lúcida, los oscurecimientos están presentes simultáneamente como el vapor en el cristal. Estos oscurecimientos, como se ha explicado previamente[17], son causados por las aflicciones emocionales, el conocimiento conceptual y los hábitos.

Cuando meditamos intentamos orientar la mente hacia un estado natural, tratando de ver con claridad

---

17   Véase capítulo 2.

nuestras condiciones y cómo funciona nuestra mente. Podemos hacerlo porque sabemos el significado de la mente en su estado natural y sus oscurecimientos. Y será durante la práctica meditativa cuando ese aprendizaje va a ser experimentado de forma gradual.

La meditación es un método para ayudar a que la mente tenga más claridad. De momento, incluso siendo inteligentes, nuestra mente sigue confusa de algún modo. Si observamos nuestra mente, siempre está buscando algo. No conseguimos conformarla o que esté centrada. La mente no puede conformarse o conseguir estar centrada. De momento este es nuestro escenario y por ello, al principio, tenemos que aplicarnos en serio a la meditación. Hemos de adquirir capacidad de concentración, porque en caso contrario nos superarán las distracciones y la somnolencia y no llegaremos a tener una mente clara.

La meditación puede ayudarnos a revertir las tendencias habituales de la mente y llevarla a su estado natural. Cuando la mente está presente y clara, es capaz de estar en el momento; practicando la meditación de forma regular, esta presencia se instalará como un hábito. Así veremos con claridad las situaciones y los problemas, y sabremos cómo resolver aflicciones tales como el miedo, la depresión y la confusión. La perspectiva que adoptemos ante cualquier problema, sea grande o pequeño, va a depender de nuestro carácter y de nuestras actitudes. De modo que percibir con claridad nuestro estado interno nos ayudará a saber qué hacer. Y esto nos dará libertad, que es el principal objetivo de la meditación.

Como en cualquier otra disciplina, hemos de aprender a meditar paso a paso. Una vez que conocemos cómo funciona nuestra mente todo resultará sencillo. Sin embargo, la profundidad de la comprensión adquirida a través de la meditación difiere considerablemente de adquirir un conocimiento en el sentido habitual. En el caso de la práctica meditativa, se trata de una comprensión de la mente que proviene de ella misma. Lo llamamos realización. No se puede comprar ni se puede conseguir en ningún lugar fuera de nosotros mismos. Es más, decimos que la existencia humana es preciosa, precisamente porque tenemos esta capacidad de realización de la mente.

Teóricamente, para entender la naturaleza de la mente necesitamos conocer con precisión sus características. La vacuidad, por ejemplo, es una cualidad de la mente que no solemos entender correctamente. Ahora bien, la vacuidad sólo puede realizarse combinando una investigación profunda de la mente con la práctica meditativa. Es un largo proceso en el que progresamos continuamente mediante la búsqueda y el análisis interiores. Cuando llevamos a cabo este análisis, no estamos creando o fabricando nada, aunque la realización provenga de aplicar un proceso sistemático. Es similar al aprendizaje de una ciencia en el que este progresará al seguir paulatinamente lo que se plantea en una serie de cursos. Resulta arriesgado hablar de la vacuidad o de la realización sólo en teoría, sin llegar a una comprensión por nosotros mismos. De momento, seguimos buscando qué es la mente, pero una vez alcancemos la realización, percibiremos que la mente no es algo pasajero que está sujeto a cambios. La realización de la mente es la propia mente.

En la práctica de la meditación, guardamos una mente flexible, lo cual conllevará una mayor capacidad de comprensión. Si nos quedamos atrapados en las palabras y en la terminología de las instrucciones, no llegaremos a profundizar en nuestra comprensión del sentido. Todos estamos dotados de la naturaleza de Buda, es decir, del potencial para realizar la naturaleza de la mente. Un "Buda" es una persona que ha alcanzado un estado de claridad total de la mente. Llegar a esta realización exige esfuerzo, incluso un esfuerzo mayor durante las sesiones de meditación en mantener la conciencia de la claridad de la mente. Para ello no debemos aferrarnos a ideas o nociones de lo que debería ser la meditación o nos bloquearemos. Permitimos que la mente se desarrolle por sí misma mientras seguimos las instrucciones de meditación. Estas instrucciones suelen estar recogidas por escrito, con ejemplos para ilustrar su significado. Por ejemplo, Milarepa (1052-1135) compuso muchas canciones para acordarse de los puntos esenciales. Estudiar y aprender el significado de estas canciones supone una buena preparación para el entrenamiento de la mente.

Cada vez que meditamos, observando o analizando nuestra mente, aunque no queramos aferrarnos a nada, tiene lugar una forma de apego. Todas las enseñanzas sugieren que no hay que aferrarse, de modo que el primer paso es entender ¿qué significa aferrarse? Vivimos con la creencia de que si queremos conseguir algo tenemos que aferrarnos. En realidad es la sensación que tenemos con todo. Podemos entender el significado de la frase, "sin apego", pero no podemos llevarlo a la práctica. Aunque queramos no podemos dejar de aferrarnos. La mejor forma de proceder entonces, con o sin apego, será seguir rigurosamente los métodos que el Buda propone, y aparecerán los resultados. Resultados que serán incluso mejores sin apego. Hay que recordar que allá donde haya menos apego habrá menos sufrimiento. Incluso si no podemos llevarlo a cabo de inmediato, una buena comprensión intelectual para empezar es un buen punto de partida.

Cuando llevamos a cabo el proceso de investigación para averiguar el sentido del apego, viendo su objeto, analizando su efecto, y así sucesivamente, nos daremos cuenta de que liberarse genuinamente del apego es un proceso extremadamente lento. La meditación, sin embargo, consiste simplemente en sentarse a meditar y ser consciente. En el transcurso de este entrenamiento veremos aparecer todo tipo de emociones negativas, como los celos, el orgullo y el apego. Si nos forzamos en alejarlas, lo que en realidad estaremos provocando es apegarnos de nuevo pero a un estado sin emociones. Por lo tanto, no se trata de evitar el apego, ni de deshacerse del mismo, sino de ser conscientes del mismo para comprenderlo. La meditación es el método que nos va a ayudar a ser conscientes y a mantener nuestra mente ecuánime y en equilibrio. Sin ejercer presión alguna y sin alimentar expectativas. Puede parecer fácil al escucharlo, pero es bastante difícil de practicar. Con todo, continuamos intentándolo y recordando lo que nos dicen las enseñanzas.

Intentar evaluar los resultados de la meditación puede ser complicado. No funcionará el decirnos que meditar significa tener claridad sobre la naturaleza de la mente, porque nos vamos a limitar al significado de esa naturaleza. A menudo, las enseñanzas que hablan de la meditación lo describen en estos términos: "Meditar significa que no hay nada en qué meditar ni nadie que medite a quien aferrarse". Tampoco se refiere a practicar la "no-meditación". De modo que meditar significa comprender la ausencia de aferramiento a un yo, a los pensamientos y a las acciones como existentes. Solo hay que sentarse a meditar, aunque no tengamos realmente la impresión de estar meditando. De hecho, cuando nos sentamos a meditar, tenemos que poner en práctica el significado de las enseñanzas aprendidas. La "meditación" no es más que un término, lo importante es utilizar la condición básica para meditar: la conciencia. Si únicamente nos sentamos, no obtendremos resultados significativos. Pero aplicando las enseñanzas a la práctica meditativa, sabremos discriminar lo necesario y lo importante para nosotros. De hecho, podremos tener una experiencia directa de lo que las enseñanzas nos dicen. La meditación puede resultar difícil cuando no estamos acostumbrados. Además no es fácil entender cómo funciona. Pero si tratamos de practicar de vez en cuando, sin esperar nada, simplemente observando lo que ocurre con una mente clara, a la larga lo entenderemos. Utilizaremos además las situaciones y los problemas para ampliar esta comprensión y gradualmente tener más claridad.

De vez en cuando, al sentarnos a meditar podemos sentir un momento de paz. No se puede fabricar, pero está claramente ahí. Para alguien que no tiene mucho hábito de practicar puede llegar a durar menos de un segundo. Aparece y desaparece. Este tipo de experiencia puede ocurrir muchas veces. Es un atisbo de la paz natural de la mente. Aun cuando estamos muy cansados, nos sentamos, y ocurre. O en medio de cualquier actividad, nos tomamos un descanso, y aparece. Es muy agradable.

En realidad, no sabemos bien qué es y, a veces, ni siquiera lo percibimos.

El problema es que estamos constantemente evaluando lo que ocurre, si es bueno o es malo. Incluso cuando estamos en un estado de paz, lo comparamos con otros o tratamos de ver si se parece a alguna de las experiencias que nos son familiares y la paz desaparece. Nos parece que debemos hacer algo con ello, o intentamos seguirlo y desaparece. La falta de familiaridad al reconocer estos estados hace que a menudo los perdamos y se esfumen. Existen muchos métodos para que el practicante pueda reconocerlos; entre ellos, la meditación. Una vez más, no debemos quedar atrapados por el concepto de lo que es la meditación, sino más bien dejarnos estar en el estado natural de la mente. De este modo, seremos capaces de desarrollar la calma mental.

El primer paso en la práctica de la meditación es calmar la mente. Dejamos que la claridad de la mente aparezca de forma natural, sin artificios, dejando espacio para que ocurra. Desarrollamos calma mental sin forzar nada. No podemos provocar que la calma suceda. A veces, incluso vivimos cierta contradicción: las instrucciones nos dicen que seamos naturales y, al mismo tiempo, que tenemos que focalizar nuestra mente. Nos puede parecer que son instrucciones contradictorias, pero en realidad no lo son. Al focalizar la mente, comprenderemos su esencia. Es difícil describir la esencia de la mente, porque las palabras nos pueden confundir.

En primer lugar, aprendemos la teoría de la meditación. En cierto modo, la teoría es relativamente sencilla, pero aun así hay que aprenderla. Tampoco quiere decir que debamos considerarla fácil o difícil. Simplemente tenemos que practicar. En un principio, aprendemos a silenciar nuestro cuerpo y nuestra mente. Obviamente el silencio verbal es automático cuando no estamos hablando. Así que simplemente nos sentamos y nos quedamos en silencio.

Queremos estar relajados, pero ¿cómo relajarse? Si estamos agitados o pensamos demasiado no conseguimos relajarnos. Tenemos que aprender. Todo el mundo es distinto, pero la forma más común de relajarse es sentarse en silencio por períodos breves de tiempo. Para empezar, simplemente hay que tener esta pauta en mente. Estamos constantemente forzándonos, pasando de una cosa a otra, con la sensación de que tenemos que estar ocupados, de modo que no podemos relajarnos. Estamos continuamente en este modo de funcionamiento. La idea entonces es permanecer sentados durante periodos cortos de tiempo y decidir qué es lo que vamos a hacer. Cuando lo ponemos en práctica, cada vez nos sentiremos más capaces de hacerlo de una forma natural y más liberados de la presión de hacer algo al momento siguiente. Esto nos va a permitir relajarnos. No resulta tan fácil como parece, pero es un comienzo en la dirección adecuada.

Relajarse no significa sentarse simplemente en la postura física sugerida. Los pensamientos también tienen que calmarse, de lo contrario, resulta muy difícil meditar. Para empezar, aprendemos a sentarnos en silencio, de forma relajada, para poder después aplicar las instrucciones sobre la meditación. A las personas que no tienen mucho que hacer les resulta más fácil relajarse, mientras que a las que están constantemente ocupadas con muchas responsabilidades les va a resultar más difícil relajarse, ni siquiera unos minutos. Se sientan en silencio, pero siguen pensando sin cesar. Para estas personas es bueno saber que van a necesitar más tiempo para relajarse y esta actitud les ayudará paulatinamente a poder hacerlo.

Una verdadera relajación requiere además claridad. Hay dos condiciones que pueden obstaculizar nuestro progreso: las distracciones mentales y la somnolencia. Las distracciones mentales comprenden todo tipo de pensamientos, tales como tener buenas ideas, recordar anécdotas agradables u otras cosas. Mientras nuestra mente continúe deambulando, estará distraída y, por tanto, no tendrá claridad. La somnolencia será agradable o no, dependiendo de si estamos relajados o cansados. Por el hecho de que nuestros hábitos mentales están fuertemente arraigados, tenemos que ser conscientes de estos dos obstáculos de la meditación cuando aparezcan para poder relajarnos. Hay ocasiones en las que la mente no está ocupada pensando tanto, por lo que nos mantenemos en un estado de relajación. Este estado incluso puede aparecer fuera de la sesión de meditación; por ejemplo, cuando estamos simplemente descansando.

Incluso antes de la sesión de meditación, deberíamos tratar de relajarnos, empezar a entrenar esta habilidad. Cuando lo ponemos en práctica, sabemos exactamente lo que esto significa y descubrimos distintas formas de hacerlo. Podemos estar muy ocupados en nuestras ocupaciones habituales, con muchas situaciones que requieren nuestra atención, como el trabajo, la familia y las relaciones sociales. Deberíamos mantener estas obligaciones por separado; por ejemplo, trabajando en la oficina y ocupándonos de la familia en casa. Guardando una buena separación entre el trabajo y la casa, no llevándonos el trabajo a la casa y viceversa. De lo contrario, los problemas de trabajo se arrastran al hogar y causan problemas allí también. El problema original se multiplica y antes de que nos demos cuenta tenemos problemas en todas partes. Tomarnos un respiro al llegar a casa o a la oficina nos ayudará a hacer frente a lo que surja con una mayor conciencia, además de proporcionar más relajación en la práctica de la meditación. Los hábitos, las emociones negativas y las tendencias habituales hacen que nuestra mente esté densa y esto se hace más evidente en cuanto nos relajamos un poco. En ese momento sabemos que hay una alternativa y la aplicamos. De este modo iremos desarrollando paulatinamente esta habilidad conforme a nuestras necesidades personales.

Las enseñanzas proporcionan explicaciones generales para los distintos estados mentales, pero no pueden prescribir una fórmula exacta para cada persona. En cualquier caso, tampoco queremos que las instrucciones nos digan todo lo que tenemos que hacer sino más bien que nos orienten y nos den explicaciones de cómo funcionan las cosas. Pero va a depender del esfuerzo de cada cual el descubrir lo que las enseñanzas subrayan en realidad y cómo aplicarlo a nuestra condición particular. Tendremos claro entonces qué debemos hacer, qué es y qué no es beneficioso y cómo funcionar en nuestra vida diaria. De nuevo, éste es el objetivo de tomar refugio en el Dharma. La enseñanza de Buda nos va a ayudar a discriminar entre lo que es beneficioso y lo que es perjudicial. Sin embargo, nos encontraremos a veces con dificultad para aplicar algunas de las acciones beneficiosas y con problemas para abandonar algunas de las perjudiciales. Todo ello, debido a que nuestros hábitos están fuertemente instalados. Y ¿cómo podemos cambiar entonces? Como se ha explicado antes, tenemos que seguir cuestionando lo que hacemos para obtener respuestas que nos den más claridad. Porque el mero hecho de meditar, si seguimos con nuestras ideas de las cosas, no va a dar lugar a la claridad. Sin embargo, si nos implicamos genuinamente en la búsqueda para entender cómo funcionan las cosas, nos van surgir preguntas que, a su vez, nos guiarán a lo largo de camino. Comprobaremos por nosotros mismos que los oscurecimientos, causados por las tendencias habituales, están de hecho bien arraigados. Y para aprender a manejarlos siempre empezamos relajando la mente.

La meditación permite explorar el funcionamiento de la mente. La mente conoce dos condiciones de base conocidas como *nepa* y *gyurwa* en tibetano. *Nepa* significa una mente estable, que los pensamientos no pueden perturbar. En un principio, esta estabilidad durará sólo unos segundos, pero paulatinamente y a medida que nos acostumbremos estos períodos serán más largos. *Gyurwa* hace referencia al ir y venir de pensamientos en la mente. Un pensamiento va a llevar a otro, por lo que se habla de un flujo constante de pensamientos cambiantes. Cada pensamiento nuevo automáticamente introduce un cambio. En una mente estable, el cambio parece ocurrir más rápidamente. Puesto que somos más conscientes, tenemos la impresión de que los pensamientos se mueven con mayor rapidez. En cambio, si estamos atrapados en los pensamientos, no nos daremos cuenta de que ocurren. Tan pronto como seamos conscientes de la aparición de los pensamientos, estos se disolverán por sí mismos. Uno tras otro, los pensamientos irán desapareciendo indefinidamente como las gotas de lluvia.

Del mismo modo, el aspecto de *rikpa* nos va a permitir comprender la mente. El término tibetano *rikpa* significa "mente clara" o conciencia clara. Esta conciencia clara es capaz de reconocer si la mente se encuentra en el aspecto de *nepa*, estabilidad mental, o el de *gyurwa*, flujo de pensamientos. La ausencia de *rikpa* conlleva a que nos dejemos arrastrar por el flujo de pensamientos, porque no somos conscientes del mismo. Ser conscientes de los pensamientos requiere una cualidad de presencia de la mente, es decir, estar en el momento presente siendo conscientes de lo que ocurre (*drenpa* en tibetano). Esta "conciencia plena" es un nivel de comprensión en el que la mente puede verlo todo.

Otra capacidad importante es la atención consciente (*shezhin* en tibetano). Es una forma de *rikpa,* que acabamos de mencionar. La atención consciente significa que tenemos lucidez y conciencia de lo que está sucediendo, de modo que podemos hacer los ajustes necesarios. Por lo tanto, es un estado de más claridad que la conciencia plena, en la que simplemente estamos presentes. Esta terminología sirve para introducir la meditación, pero los practicantes que tengan experiencia entenderán la diferencia fácilmente. En cambio, a los principiantes les resultará más difícil deducir el sentido preciso de estas enseñanzas. En cualquier caso, siempre será útil familiarizarse con el significado de estos términos porque constituyen los distintos aspectos de la meditación.

Para ayudar al principiante, se recomiendan ciertos soportes para meditar. Soporte significa refuerzo para focalizarse o centrarse, que es la condición esencial de la meditación. Un ejemplo de este tipo de soporte es la respiración. Observando la respiración, podemos comprobar si la mente está calmada o agitada. Dejamos la mente en su estado natural sin intentar modificarla. Prestamos atención a inspirar y espirar. A algunos practicantes se les dice que cuenten hasta 21 sin distraerse. El punto esencial es poder mantener la atención en el contar respiraciones. Esto significa ser consciente de cada inhalación y de cada exhalación. Cuando somos conscientes de la respiración, cualquier pensamiento que aparezca también desaparecerá por sí mismo. Una vez más, es *nepa* que permanece consciente del contar y de las respiraciones. *Gyurwa*, que significa cambio, hará que perdamos a veces la atención en el contar, distrayéndonos con cualquier pensamiento. Por ejemplo, cuando uno se distrae al llegar a 10, contar 11 ya no es un acto consciente. Pero inmediatamente *rikpa* o *shezhin* le permite a uno entender lo que está sucediendo: que se desvió de contar. Entonces se vuelve al acto de contar. La mente que cuenta está focalizada en contar y en la respiración. Ambas cosas sirven de soporte para que sepamos cuando nos distraemos. Si nos centramos en el propio funcionamiento de la mente, lo encontraremos extremadamente difícil y complicado. Es mucho más fácil servirnos de un soporte como contar respiraciones. No es perjudicial distraerse al contar; lo importante es volver la atención de nuevo a ello y esto es algo esencial a la meditación. Poco a poco la mente será capaz de permanecer atenta por periodos cada vez más largos de tiempo.

En realidad, los métodos son soportes de la meditación para facilitarla. Sin embargo, no debemos ni quedar apegados a los soportes ni forzarnos para seguirlos rigurosamente. Solo están ahí para permitir a la mente llegar a un estado de equilibrio y ecuanimidad. Insistimos en que es necesario una adecuada comprensión: tenemos que saber claramente qué estamos haciendo y así la práctica se vuelve algo sencillo.

Al aprender cómo sentarnos a meditar, relajarnos y ver los estados mentales, estamos de hecho entrenando la mente. Entrenar implica que ya tenemos la capacidad o el potencial de meditar y solo tenemos que practicarla. No nos aferramos a lo que estamos haciendo, sino que simplemente nos sentamos a meditar y continuamos la práctica. Nos servimos de cualquier estado que aparezca mientras tanto o en nuestra vida cotidiana para profundizar en nuestra comprensión. Aplicamos la misma atención consciente y el método introspectivo en cualquier situación. Al principio es bastante difícil hacerlo sin un entrenamiento previo, pero es necesario acostumbrarse a ello.

Un principio básico es la actitud de apertura. A veces, nos puede parecer que meditar sentados y la vida diaria son dos situaciones diferentes y separadas. Al sentarnos a meditar, pensamos que hay que hacerlo y focalizarnos de una determinada manera, y que esto es muy importante. A continuación, sin embargo, no ponemos el mismo empeño en las actividades de la vida diaria a lo largo de los periodos libres. "Libre" significa en este contexto fuera de las sesiones de meditación. No obstante, esta actitud puede de hecho producir un bloqueo. La actitud adecuada sería la de estar abiertos y conscientes todo el tiempo. Debemos saber que la meditación consiste en desarrollar la claridad que nos llevará a comprender la mente misma, que está continuamente presente.

Cuando se practica, surgen muchas preguntas, como cuál es el modo de mantener la claridad. La claridad de la mente se desarrolla aclarando los oscurecimientos a través de la meditación. En primer lugar, aplicamos los métodos para alcanzar una mente estable. La estabilidad tiene dos aspectos: cómo llegar a ella y cómo aumentarla. Debido a la ley natural de causas y efectos, existen condiciones internas que pueden impedir alcanzar la estabilidad u obstaculizar el afianzarla. En medio de situaciones adversas, las prácticas y enseñanzas realmente efectivas del Vajrayana pueden ayudar a cambiarlas. En general, las prácticas del Vajrayana son útiles para todo tipo de personas. Al mismo tiempo, puede que exijan ciertas características y circunstancias específicas de cada individuo. Si nos queremos recuperar de una enfermedad, por ejemplo, debemos tomar remedios concretos para la misma y no los de cualquier otra persona. Y lo más importante es que el grado en que las prácticas del Vajrayana pueden funcionar para cada cual depende de los propios esfuerzos y de la profundidad del compromiso.

Capítulo 8. Un atisbo del Vajrayana

El budismo ofrece diferentes aproximaciones a la práctica de la meditación, como el camino del Hinayana, del Mahayana o del Vajrayana (incluido en el Mahayana). No son tres categorías de caminos o prácticas separadas; más bien sus diferencias son reflejo de las actitudes personales y capacidades individuales de los practicantes. El camino Vajrayana conduce a la comprensión de la mente. No se trata de una disciplina académica o de una materia que estudiamos en el colegio. No hay calificaciones, no hay un comienzo ni un final. La práctica del Vajrayana puede resultar muy natural para algunas personas y difícil de integrar para otras. Todo depende de las capacidades, de la disposición y de la personalidad de cada uno. Algunas personas encuentran que el Vajrayana no les conviene. De ninguna manera esto significa que la capacidad de estas personas esté bloqueada. Sólo quiere decir que no es el momento adecuado y que más adelante pueden practicarlo.

Es posible que el significado preciso del Vajrayana se escape a muchas personas. Su teoría y métodos pueden resultar emocionantes e incluso fascinantes. Sin embargo, la conexión con la esencia del Vajrayana no va a ser posible con sólo seguir las instrucciones. Su significado no es evidente ni puede explicarse fácilmente, ya que es mucho más profundo que lo que las palabras pueden expresar. A diferencia de otro tipo de instrucciones, como por ejemplo, para conectar equipos electrónicos, las enseñanzas Vajrayana son mucho más que teorías o explicaciones paso por paso. Subyacente a las instrucciones y a los métodos se halla la línea de transmisión de la enseñanza que denominamos linaje. Las transmisiones se han mantenido y transmitido ininterrumpidamente de maestro a discípulo, a lo largo de generaciones hasta la actualidad. Y resulta de vital importancia mantener la pureza del linaje sin distorsión alguna. Esta pureza o esencia de un linaje es ostentada por maestros realizados y genuinos que se encargan de preservar, propagar y transmitir enseñanzas y métodos auténticos. Trasmisión que reúne la expresión de la realización individual (*men ngak* en tibetano), la preciosa bendición (*jinlap*) y las instrucciones orales (*dam ngak*). Por esta razón, en el contexto de la práctica del Vajrayana es necesario encontrar a un maestro que esté directamente conectado a un linaje de transmisión.

La realización (men ngak), la bendición (jinlap) y las instrucciones orales (dam ngak)

Es difícil de traducir el término "***men ngak***". Fundamentalmente se refiere a las cualidades o a las capacidades de un maestro realizado, que además debe estar dotado de una comprensión correcta de las enseñanzas. Debe haber practicado los métodos adecuadamente para llegar él mismo a realizarse. Todo esto le va a cualificar para compartir los métodos y la experiencia con otras personas. Asimismo, el maestro es quien conecta al estudiante con su potencial interior que es la naturaleza de Buda. Va a ser mediante la realización o *men ngak* del maestro que seremos capaces de cultivar, comprender y conectarnos con nuestro potencial interior a través de la práctica. Por eso, el maestro es indispensable en la práctica del Vajrayana. Deben reunirse tres condiciones para capacitarnos a practicar con el fin de reconocer la naturaleza de Buda a nivel último: tenemos que recibir la expresión de la realización, la bendición y las instrucciones orales de un maestro cualificado. Por tanto, el maestro debe estar en posesión de *men ngak*, de manera que nos pueda transmitir las explicaciones, instrucciones y bendiciones que nos permitan llevar a cabo la práctica.

Una vez más, no existe una traducción exacta para el término "*jin lab*", que se conoce como "bendición". Un ejemplo de cómo funciona es cuando no entendemos algo en nuestra práctica y la bendición será la que nos ayude a comprender. Digamos que no entendemos lo que es la mente, que además no es tan fácil de conocer. Escuchamos terminologías como la mente o la naturaleza de Buda, pero sólo podemos imaginar su significado. Podemos incluso recibir explicaciones sobre las cualidades de la mente despierta, pero no entendemos realmente los términos. La comprensión llegará cuando nos impliquemos en la práctica, como las de Guru Yoga o Chenrezik. Cada práctica es una forma de comunicación. Normalmente consideramos la comunicación a través de las palabras. No obstante, en las prácticas de Vajrayana, la recitación de los textos, la visualización y recibir la esencia y las cualidades de un *yidam*[18], constituyen una forma de comunicación. El hecho de que las cualidades del *yidam* se disuelvan en nuestra mente significa que nos conectamos con su realización, la comprensión de la mente y la naturaleza de Buda. La bendición va a permitir que esta conexión sea posible. Superficialmente puede parecer que son plegarias o aspiraciones. Sin embargo, ya estamos realmente empleando los métodos del Vajrayana. A través de la práctica regular, comenzarán a cobrar sentido los términos y las explicaciones. No es que hayamos creado respuestas sino que la bendición nos conecta con la comprensión misma. Es muy difícil demostrar este efecto, pero sabiendo que sí sucede, lo entenderemos cuando llegamos a experimentarla. Esta información es importante, pero no quiere decir que podamos o debamos utilizarla inmediatamente. En vez de ello, trataremos de comprobar si funciona para nosotros. Las canciones de Milarepa[19] contienen muchos de estos puntos esenciales, presentados de manera clara y fácil de entender. Es una excelente fuente de referencia.

Las instrucciones orales o "***dam ngak***" se refieren a la transmisión clara y precisa de las palabras que constituyen las enseñanzas. La transmisión de las instrucciones orales se produce en un contexto de clara conexión entre el maestro del Dharma y el alumno, que deposita una confianza genuina en él y está libre de dudas y negatividades. El discípulo se encomendará completamente al

---

18 Un *yidam* en su forma de deidad de meditación es un aspecto de la Budeidad, que encarna ciertas cualidades del despertar. En el Vajrayana, la práctica de un *yidam* constituye un recurso para que el practicante se libere, gracias a conectarse con las cualidades del despertar expresadas por ese *yidam* particular.

19 Véase Garma C. Chang, *Cantos de Milarepa*. Edit. Yug, 2013.

maestro para que le explique y le instruya sobre el significado de las enseñanzas y las prácticas. Podemos referirnos a las biografías de Marpa (1012-1097), Milarepa y los Karmapas, todos ellos maestros del linaje de la tradición Kagyu, para encontrar ejemplos de cómo se produce la transmisión de instrucciones orales entre maestro y discípulo. Las biografías históricas de personajes célebres como Napoleón nos aportan información sobre el tiempo, el lugar y la descripción de acontecimientos pasados. Pero las biografías de grandes maestros como Saraha (1012-1097), Tilopa (988-1069) y Naropa (1016-1100) contienen además en sí mismas el tesoro de las transmisiones del Dharma, basadas en instrucciones orales.

Para obtener un resultado determinado deben estar presentes ciertas condiciones y requisitos. Por ejemplo, para curar una enfermedad, debemos tomar el medicamento apropiado. La transmisión de las instrucciones orales, *dam ngak,* funciona de manera similar. Cuando no comprendemos una enseñanza o necesitamos explicaciones para saber qué hacer, las instrucciones orales de los maestros nos darán la respuesta. Los practicantes deben saber esto para que lo tengan en cuenta; así, por ejemplo, cuando lean la biografía de Milarepa, van a reconocer y aprender los puntos esenciales. De lo contrario, leer biografías solo desde una perspectiva histórica no será de gran ayuda. La transmisión clara de maestro a discípulo, o *dam ngak*, queda bien ilustrada en el siguiente ejemplo de La Vida y Enseñanzas de Naropa. Naropa era un gran pandita[20] del budismo en la Universidad de Nalanda, India. Aún así, Naropa estaba en busca de enseñanzas más elevadas, lo que demuestra que el

---

20   Un pandita es un académico de alto rango.

saber es ilimitado. Naropa sintió entonces la necesidad de encontrar a un gran maestro. Cuando escuchó por primera vez el nombre de Tilopa, al instante supo que tenía que buscarlo. En este caso el impulso partió de la propia sabiduría de Naropa y no se puede por tanto aplicar a todo el mundo. Pero Tilopa no resultó nada fácil de encontrar, porque se escondió y se disfrazó. Lo hizo por una muy buena razón: Tilopa quería que Naropa atravesase un riguroso examen de conciencia para que llegase a la comprensión adecuada. A continuación para ilustrar esto, un pasaje de La vida y Enseñanzas de Naropa:

> En un camino estrecho, él (Naropa) se encontró una perra hedionda repleta de gusanos tumbada en el camino. Al acercarse, saltó sobre el animal, que entonces se apareció en el cielo en un halo de arco iris y le dijo:
>
> "Todos los seres vivos por naturaleza son nuestros padres. ¿Cómo vas a encontrar al Guru, si no desarrollas la compasión del camino Mahayana?
> ¿Estás buscando en la dirección equivocada? ¿Cómo vas a conseguir que el Guru te acepte si miras a los demás por debajo?".
>
> Después de estas palabras, la perra y las piedras del camino desaparecieron, y Naropa se encontró de nuevo desvanecido en una meseta de arena[21].

Cuando Naropa vio al lamentable animal, no le prestó ninguna atención. Conocía perfectamente el concepto de compasión, pero frente al sufrimiento del perro, no hizo nada. Preocupado como estaba por encontrar

---

21 Guenther: *La Vida y Enseñanza de Naropa*. Edit. Yug, 2013.

a Tilopa, se apresuró siguiendo su camino y persiguiendo su propio objetivo. A partir de este suceso, Naropa entendió que no se había comportado verdaderamente con una actitud de la mente del despertar. Sin esta genuina motivación, no obtendría ninguna realización. Naropa entendió esto a través de *dam ngak.*

Todas las instrucciones orales o transmisiones clave conducen a la comprensión de los significados esenciales, punto por punto. Su propósito es el de clarificar cualquier cosa que no entendamos y esto no es exclusivo de ninguna tradición ni de ningún linaje. Son importantes, tanto si se es investigador o discípulo del Dharma, como si se es practicante comprometido con las prácticas del Vajrayana. Solo entonces puede reconocerse el sentido cuando surge la oportunidad. Las instrucciones orales son esenciales en la transmisión de la enseñanza del Mahamudra y de otras similares. Al igual que Naropa, necesitamos estar preparados o cualificados para recibir la transmisión. De otro modo, aun con el Buda aquí presente, seguiríamos sin lograr ninguna realización. Naropa se dio inmediatamente cuenta de la lección a aprender a través de *dam ngak*, no solo una vez, sino en doce ocasiones diferentes. Los detalles son muy precisos y todos están recogidos en su biografía. Este tipo de biografías nos es invalorable. Las enseñanzas *dam ngak* que contiene son vastas e ilimitadas.

El que obtengamos o no algún resultado en nuestra práctica depende de nuestro esfuerzo. Cuando nos implicamos en la práctica, estamos cultivando nuestra capacidad de comprensión. No podemos percibir esta capacidad en otra persona. Cada cual tiene algún tipo de potencial, debido a la preparación y acumulación de vidas anteriores. Algunas de nuestras acumulaciones pasadas maduran en esta vida. Esto explica por qué para algunas personas la práctica es fácil, mientras que para otras es difícil. El Buda enseñó a no juzgar a los demás, ni calificar las situaciones como buenas o malas, correctas o equivocadas. Pero realmente no sabemos hacerlo.

En las enseñanzas Vajrayana, existen términos tibetanos como *jinlap* y *men ngak*, que ahora son de mucha utilidad. No existen palabras en español que traduzcan exactamente su significado exacto. Pero a pesar de que por el momento no los entendamos totalmente, es útil tenerlos en mente. Intentaremos conectarnos con su significado para estar adecuadamente dirigidos. A través de nuestra propia experiencia, podremos reconocer la relevancia de su sentido cuando aparezcan. Seremos capaces de reconocer nuestros errores de interpretación de las enseñanzas. Es así como nos será útil el conocimiento de estos términos.

Por ejemplo, la principal meditación para alcanzar el despertar se llama Mahamudra. Este término es difícil de traducir porque no tenemos una palabra para ello. Lo que realmente significa proviene de la propia experiencia mediante la práctica y el esfuerzo de cada cual. Además, exige la transmisión de los métodos y el conocimiento de los maestros del pasado que ya han alcanzado los resultados a través de los métodos del Mahamudra. Conociendo esta explicación, escogeremos cuidadosamente a un maestro. No buscaremos un atajo ni esperaremos a que nos suceda un milagro. Sabemos que para realizar el Mahamudra, tenemos que basarnos en nuestro esfuerzo bajo la guía de un auténtico maestro realizado.

Abordaje y resultados de la práctica Vajrayana

En el Vajrayana, existen muchas prácticas como *Chenrezik, Tara Verde, Dorje Sempa* y *Amitabha*. Existen importantes prácticas habituales con efectos o resultados diversos. Normalmente, los efectos o resultados de cada práctica son dobles. En primer lugar, cada práctica nos posibilita descubrir nuestro propio potencial interno mediante el que realizaremos nuestra naturaleza de Buda. En segundo lugar, cada práctica tiene cualidades especiales que nos proporcionan temporalmente ayuda concreta para las situaciones que enfrentamos. Por ejemplo, la práctica de *Tara* puede proporcionarnos protección contra miedos y dificultades. Esta es su cualidad específica; cada vez que atravesamos tiempos difíciles y no sabemos qué hacer, practicamos *Tara*. Igualmente, la práctica de *Dorje Sempa* puede ayudarnos a limpiar y purificar nuestra negatividad. La práctica de *Chenrezik* tiene como finalidad beneficiar a los demás mediante el desarrollo de la cualidad de la *bodhicitta,* y esto se deriva de una forma natural en nuestra actitud de ayuda a los demás. En cada práctica, los resultados se hacen presentes, tanto si seguimos un texto corto o uno largo.

A menudo pedimos "bendiciones", pero ¿qué comprensión tenemos de este concepto? El significado esencial de la bendición es el de permitirnos conectar con las cualidades especiales e inherentes a las prácticas que llevamos a cabo. Es como sentarse en una habitación a oscuras y querer que haya luz del sol, pero si no sabemos descorrer las cortinas, la luz del sol no puede entrar. Cuando entendemos términos como *dam ngak* o *jinlap*, sabremos con más claridad qué podemos esperar de nuestra práctica. De otro modo, nuestras expectativas serán erróneas. Por supuesto que siempre se producen algunos beneficios cuando oramos o cuando recitamos mantras, pero el resultado principal es nuestra conexión con las cualidades que se supone desarrollan las prácticas. Por ejemplo, el significado real de practicar *Chenrezik* es parecerse a *Chenrezik* y actuar como él: ser de ayuda para los demás y estar libre de toda ignorancia. Esto es una realidad y no una simple información. Por el momento, podemos no tener el deseo de ser *Chenrezik*. Individualmente, cada uno de nosotros puede tener muchas y diferentes razones para practicar el budismo. Sea cual sea nuestra motivación, obtendremos algún beneficio de nuestros esfuerzos. Sin embargo, si realmente generamos la *bodhicitta* en nuestro interior, los resultados van a ser todavía mayores e ilimitados.

Esto nos lleva a valorar la eficacia de practicar el Vajrayana, que depende mucho de cada persona: "Todo es posible, pero no necesariamente tangible". Lo mismo que las partículas elementales descubiertas en la Física de altas energías, que no podemos ver ni tocar, pero que están presentes conectándolo todo. Y esto es lo más esencial y básico en la práctica del Vajrayana: la conexión. Durante la práctica, no es importante cómo nos sentimos ni lo que observamos; lo que importa es nuestra capacidad de estar presentes en la mente. Por supuesto, es importante tener alguna experiencia, pero también es importante si no la tenemos. Es cuestión de conceptos. Por el momento, estamos ahondando nuestros conceptos y así se conforman nuestras expectativas. Siempre estamos esperando un resultado visible, pero lo que se desarrolla con la práctica es una forma básica de funcionar, una cualidad básica en el practicante, que puede estar o no disponible para utilizarla inmediatamente. Algunas personas piensan erróneamente que practicando el Vajrayana ocurrirá algo muy potente, mágico o milagroso. En realidad, ¡no es así en absoluto! Las principales cualidades de la mente están presentes de forma natural y pueden ser desarrolladas por cualquier persona. De aquí pueden derivarse muchas capacidades que no tienen nada que ver con trucos ni magia, que no constituyen la finalidad del Vajrayana. Pero si nuestra mente se ve atrapada por estas preocupaciones, de hecho estamos bloqueando nuestro potencial. Es difícil comprender los detalles de cómo funciona todo esto, pero si practicamos con constancia, llegaremos de forma natural a la comprensión de su significado. Siempre tenemos en mente la esencia de la práctica. Por ejemplo, cuando practicamos Chenrezik, nos sentamos, recitamos y meditamos; pero a continuación, fuera de la práctica, intentamos mantener la misma actitud altruista y presente de la mente en cualquier cosa que hagamos. Esto es lo que significa mantener la esencia de la práctica. Pongamos el ejemplo de la luz de la vela y la luz del sol. Una vela proporciona un poco de luz en la oscuridad, pero el sol ilumina totalmente. Nuestra capacidad por el momento es como la de la vela y, mediante la práctica, combinamos nuestra luz con los rayos de sol para hacernos más fuertes. Es importante practicar con regularidad para que nuestra propia capacidad pueda crecer y fortalecerse gradualmente. Si podemos hacerlo, de una forma natural tendremos más claridad y nuestras acciones beneficiarán cada vez más a los demás; también se desarrollarán nuestras cualidades positivas. Y esto sucederá sencillamente, lo mismo que crece la hierba; aunque no podamos verla crecer, podemos tener la garantía de que es así.

El empoderamiento[22]

Antes emprender una práctica Vajrayana, como *Dorje Sempa*, es habitual recibir una iniciación por parte de un maestro cualificado. Todas las prácticas Vajrayana tienen ciertos rituales de relativa importancia y cada parte del ritual tiene un significado preciso. Sin embargo, no son importantes en un sentido absoluto. Un ejemplo para ilustrar este punto es la instalación de la fontanería y la calefacción en una casa, son comodidades aunque no absolutamente indispensables para nuestra supervivencia. De igual modo, los rituales están ahí para ayudarnos, pero más allá, no son esenciales.

En general existen tres aspectos en una iniciación. El primero se compone de las instrucciones sobre la práctica (*tri* en tibetano). A continuación hay una transmisión leída de la práctica (*lung*). El tercer aspecto es el empoderamiento en sí (*wang*), que posibilita al iniciado emprender la práctica. Durante cualquier iniciación es importante estar continuamente presente, lo que significa intentar tener la atención puesta en lo que está teniendo lugar, manteniendo el significado de la iniciación a lo largo de todo el proceso, desde el principio hasta su transmisión y su conclusión. Nuestro deseo de ser iniciados se realizará totalmente y nuestra mente se integrará en la esencia de la práctica.

En tibetano *kyerim* significa crear y *dzokrim* significa integrar o unirse con lo que se ha creado; son dos fases de la iniciación. Pero crear no significa hacer algo sólido y con forma. La visualización del *yidam* en forma pura y

---

su entorno, durante la fase de *kyerim*, es la preparación que se lleva a cabo por un maestro cualificado. A continuación, durante la fase de *dzokrim* estamos conectados con la pureza del *yidam* en nuestro potencial individual. Cuando decimos que la conexión se realiza a través de nuestro cuerpo, palabra y mente, nos referimos a algo simbólico, pero no artificial. Es simbólico respecto a la conexión que hemos realizado a nuestro nivel actual para ser capaces de desarrollar y purificar al máximo nuestro potencial. Es importante tener esta adecuada comprensión cuando decidimos recibir una iniciación y, durante la misma, nuestra actitud debería dirigirse a crear la actitud del despertar. Nuestro máximo interés es el bienestar de los demás, así que emprendemos la práctica para mejorarnos a nosotros mismos, con la finalidad de poder ser más beneficiosos y útiles para los otros. Sin esta motivación crucial, podemos recibir algunas bendiciones, pero perderemos el punto esencial de las enseñanzas de Buda. Cuando estamos correctamente orientados en la actitud del despertar, mejoraremos poco a poco hasta alcanzar la verdadera comprensión. Mejorar significa adquirir una comprensión última de la práctica. Tomemos, por ejemplo, nuestra idea de la mente. No tenemos una comprensión real de lo que es o qué significa exactamente; solo podemos intuir su sentido pero, poco a poco, mediante la práctica llegamos a descubrir qué es la mente.

El desarrollo natural de las condiciones internas

La capacidad básica individual varía de una persona a otra, pero puede desarrollarse gradualmente mediante la práctica. Los progresos no pueden forzarse, ya que han de desarrollarse de forma espontánea. La espontaneidad depende de la capacidad de ver el significado de las enseñanzas. Cuando entendemos el significado, comprobamos que la espontaneidad está ahí. Es como cuando estamos enfermos y el médico nos dice qué comer y qué no comer, pero nuestro cuerpo sabe exactamente qué alimentos evitar. En realidad, cuando se llega al significado exacto comprendemos nuestra propia situación de forma espontánea y por nosotros mismos. Al pensar en el despertar, tal vez sintamos que está demasiado lejos o que nos va a llevar mucho tiempo alcanzarlo. Sin embargo, no es algo tan imposible cuando todas las condiciones son las adecuadas. Debemos continuar con la práctica sin analizarla demasiado.

Como se explicó anteriormente, debido a las bendiciones del linaje de la transmisión, algunos resultados están inevitablemente presentes. Son las condiciones internas las que potenciarán nuestra receptividad a las enseñanzas, conectándonos de este modo con su esencia. Estas condiciones internas son la confianza y la devoción, la auténtica fe y la correcta conexión.

Mögü

La primera condición es *mögü* (en tibetano) que, una vez más, es un concepto difícil de traducir. Se trata de una condición interna que necesitamos cuando recibimos las enseñanzas y que consiste en nuestra confianza y respeto totales respecto a las cualidades del despertar. Su efecto sobre nosotros es el de un profundo aprecio y reconocimiento de su importancia. El resultado es un profundo deseo de seguir el camino de la práctica y una fuerte convicción de que podemos seguirlo. *Mögü* nos proporciona la perspectiva adecuada que nos posibilita profundizar en el significado sin atascarnos en nuestro desarrollo. Por ejemplo, nuestra confianza y devoción hacia el Buda, el Dharma y la Sangha son muy importantes mientras estamos recorriendo la senda de la práctica; en este contexto, podemos interpretar *mögü* como devoción y confianza. En la biografía de Milarepa, su devoción y confianza eran tan evidentes e intensas que le catapultaron al completo despertar en una sola vida. La perseverancia de Milarepa, enraizada en su devoción a Marpa, nunca falló. *Mögü* fue pues la principal causa de la realización de Milarepa.

Depa

La segunda condición interna, similar a *mögü*, es *depa*, que significa fe basada en la verdadera comprensión de lo que estamos haciendo, para así poder tener una convicción profunda. La base de nuestra fe para seguir la práctica no es porque alguien nos dijera que teníamos que tenerla, o porque nos quedamos muy impresionados. Cuando hemos estudiado e investigado adecuadamente, llegamos a una comprensión que nos permite realmente enfocarnos y permanecer comprometidos. Esto es *depa.*

Damtsik

La tercera condición es *damtsik*, que en sánscrito es *samaya,* y significa tener la conexión adecuada con la esencia de nuestra propia mente. Esto significa que cuando actuamos correctamente son inevitables las consecuencias positivas. Cuando cometemos errores, nuestro camino se bloquea. Nuestro modo de juzgar y actuar está directamente relacionado con nuestra propia mente y, por tanto, debemos ser siempre cuidadosos.

Nuestros pensamientos, nuestras actitudes y condiciones internas mentales tienen mucho mayor alcance que nuestras acciones. Pero normalmente solemos controlar más nuestros actos que nuestra mente. Cuando alguien no nos gusta, no queremos mostrarlo, pues tememos estropear nuestra imagen de buenas personas. Sin embargo, por dentro sentimos nuestro disgusto a contactar y nos mostramos amables, porque no queremos romper la amistad. Inconscientemente nos comportamos de este modo. Pero necesitamos entender nuestra propia mente, en lugar de limitarnos a controlar nuestros actos. A veces pensamos "no quiero ayudar" o "no me gusta esto" o "no quiero seguir cediendo". Estos pensamientos no son conexiones buenas y pueden bloquearnos; debemos saber y entender esto con claridad, ya que *damtsik* es una cualidad de la mente vinculada a nuestra comprensión. Por esto en el Vajrayana se enfatiza la visión pura, que en sí misma es un estado de la mente. Consiste en ver perfectamente sin velos ni distorsiones. Y no es algo artificial que alguien nos haya contado, sino que procede de nuestra naturaleza básica y forma parte de nuestra conciencia. Si queremos alcanzar la visión pura, tenemos que recibir las enseñanzas, aprender a ver con claridad y meditar. Hemos de desarrollarnos pues nuestros actos únicamente no son tan importantes por sí ni en sí mismos. Los problemas son los bloqueos de nuestra mente que influyen en nuestras acciones. No podemos bloquearlas para evitar daños, sino que tenemos que comprender que están de hecho relacionados con nosotros, con nuestra mente.

Estas tres condiciones, *mögü*, *depa* y *damtsik,* son cualidades a desarrollar. Tras haber sido introducidos en ellas, debemos considerar en detalle su significado más profundo. ¿Qué significan para nosotros, a nivel individual? No debemos encubrirlas con términos en español como confianza, fe, devoción, etc. y pensar que ya hemos entendido. Por ejemplo, todos sabemos lo que significa la fe, pero ¿qué significa realmente para cada uno? ¿Qué significa la confianza cuando se tiene o cuando no se tiene? Hay que hacer una introspección de nuestras condiciones para averiguarlo. Es necesario intentar conectar aún más profundamente con el significado auténtico. Las asociaciones originales que tengamos con estos términos irán cambiando con el tiempo y la experiencia.

Cultivar la comprensión es muy parecido a tener un buen bronceado. No funcionará saliendo al sol totalmente vestidos y con sombrero; incluso después de un rato no estaremos bronceados sino tal vez con calor. Desvestirse es una condición previa e indispensable para que nuestra piel se broncee sin esfuerzo. De igual modo, comprenderemos nuestra mente en profundidad cuando aceptemos totalmente *mögü*, *depa* y *damtsik*, que son las tres principales condiciones o estados que lo facilitan. La profundidad del conocimiento es ilimitada, de modo que trabajamos continuamente con nuestra capacidad de comprensión interna mediante la práctica, mientras escuchamos las enseñanzas, o a lo largo de nuestra jornada habitual. De este modo, nuestra comprensión madurará hasta quedar totalmente integrada en nuestra forma de pensar. Con frecuencia oímos el término "inseparable" para describirlo, que significa inseparable de nuestra mente y, por tanto, es nuestra propia mente y no hay nada que crear. Es importante que nos esforcemos en aclarar paulatinamente las dudas, y así desarrollar una experiencia personal de la mente auténtica.

Capítulo 9. El Maestro Auténtico y el Lama Ordinario

Buda aclaró la verdad de la liberación a partir de los problemas del *samsara*. A quienes han seguido y aplicado sus enseñanzas y han realizado sus resultados, se les denomina maestros realizados. De hecho, muchos textos fueron escritos y aún siguen escribiéndose por estos maestros. Son los amigos espirituales extraordinarios, que pueden enseñarnos cómo seguir el camino de la liberación del Dharma. En *El Precioso Ornamento de la Liberación* de Gampopa, se explican las diferentes categorías de amigos espirituales. A los maestros auténticos o realizados se les considera extraordinarios, porque han realizado los resultados del camino. Son *bodhisattvas* que trabajan por todos los seres en armonía con el Dharma.

El Maestro auténtico

Un auténtico maestro debe estar vinculado a un linaje budista. Esto significa que, al seguir a ese maestro, también estamos conectados con el mismo linaje, al tiempo que estamos conectados con todos los maestros del pasado, como una cadena que se remonta hasta el Buda. Esto es muy importante, ya que de este modo podemos evitar errores o la mala utilización de las enseñanzas.

Los depositarios realizados del linaje diseñaron prácticas eficaces para ayudar a los practicantes y sus métodos nos han sido transmitidos a través de generaciones de maestros del linaje. También existen textos e instrucciones de prácticas disponibles, que se han preservado hasta nuestros días. Incluso hoy día, los maestros realizados del linaje están revisando algunas prácticas, no porque contengan errores, sino por adaptarlos a las circunstancias actuales. A su vez, estas se transmitirán a las futuras generaciones. No es tan fácil modificar las prácticas, porque su significado podría alterarse inadvertidamente y, por ello, únicamente los auténticos depositarios del linaje están cualificados para hacer revisiones. Por nuestra parte, nosotros seguimos practicando adecuadamente sin ningún añadido ni ajuste externo, para mantener intactos los métodos y sus significados.

En algunas prácticas, recitamos los nombres de los depositarios del linaje para recordarlos con el fin de conectar con ellos y esta conexión aumenta nuestro potencial de comprensión. Desde los maestros del pasado, como Marpa, Milarepa, Gampopa, el primer Karmapa, hasta llegar a nuestros días, podemos conectarnos con todos ellos a través de nuestro maestro. Puede que nos sea difícil de captar porque aún no entendemos. Sin embargo, podemos conectar con nuestro maestro a través de la devoción, la fe y la confianza, porque él está aquí.

Gendun Rimpoche[23] fue un ejemplo de maestro auténtico.

A través de los tiempos, los practicantes que estudiaron y practicaron con éxito se convirtieron en maestros auténticos. Algunos de ellos comenzaron muy jóvenes mientras que otros empezaron más tarde. Gampopa empezó cuando tenía cuarenta y cinco años y, aun así, logró llevar su práctica a la plenitud. Gampopa vivía como un hombre de hogar hasta que encontró al gran maestro Milarepa y empezó a practicar bajo su guía. Por tanto, a nosotros también nos es posible hacer lo mismo.

Las cualidades de un auténtico maestro pueden manifestarse a través de múltiples y diferentes actividades, pero la principal cualidad consiste en que su mente es completamente pura. Esto significa que, aunque intentemos encontrar un solo fallo en él, no lo encontraremos. Fallo en este contexto significa error de juicio. Era difícil encontrar un fallo en Gendun Rinpoche, porque su mente era muy pura. En un nivel relativo, la gente podía pensar que ni su inglés ni su francés eran muy buenos y que la comunicación con él era difícil. Pero las personas que observaban su forma de comportarse, sus acciones y su manera de comprender las cosas percibían su pureza. Esta pureza puede inspirar y elevar nuestra devoción, confianza, etcétera. Seguir a alguien sin ver sus cualidades perfectas es como tener fe ciega o ser fanático.

---

23   Maestro tibetano (1918-1997) que dedicó su vida a la práctica de la meditación, especialmente en retiros en solitario. En 1975, el decimosexto Karmapa le envió a Francia a enseñar, para proporcionar a los occidentales el acceso a las auténticas enseñanzas de Buda. Fundó muchos Centros de retiro y un monasterio llamado Dhagpo Kundreul Ling.

Como nuestras tendencias y condiciones mentales son tan fuertes, nos es difícil cambiar y es por ello por lo que confiamos en un maestro como modelo espiritual. Con mucha frecuencia nos ocurre que, cuando queremos cambiar, no podemos. Incluso en la vida cotidiana, cuando sabemos una forma mejor de hacer algo, a menudo renunciamos a ella porque somos resistentes al cambio. El principal punto en común de todas las enseñanzas es ayudarnos a cambiar. Un maestro realizado y auténtico en su práctica, actitud y acción nos sirve como modelo. Auténtico no se refiere a la forma física o conducta externa, que es lo que impresiona por lo general en nuestra sociedad: las apariencias externas. Alguien vestido con un traje especial y que habla educadamente puede impresionarnos, pero ¿qué hay de sus cualidades internas? Las motivaciones y actitudes de un maestro cualificado tendrían que estar completamente alineadas con el Dharma y conectadas con las cualidades de la naturaleza de Buda, que son inevitablemente perfectas.

Su Santidad, el fallecido decimosexto Gyalwa Karmapa[24] siempre advertía a sus discípulos que fuésemos conscientes de nuestras intenciones y actitudes. Nos decía que comprobásemos nuestro aferramiento al yo, el sentimiento de considerarnos muy importantes. Aun cuando no nos sea muy evidente, de algún modo siempre estamos en pos de nuestros propios intereses. Hacemos todo para nosotros mismos, aferrándonos cada vez con más fuerza, de modo que pronto perdemos de vista nuestra meta. Mientras tanto, el karma se halla muy activo. Mientras continuemos creando las causas, los efectos madurarán con toda seguridad algún día.

---

24 Ranjung Rikpe Dorje (1924-1981)

La búsqueda de una posición social, fama, riquezas, inteligencia, influencia política y demás tiene su origen en el apego al yo como lo más importante. Claro que ocuparse de sí mismo es normal y básico hasta cierto grado, pero también es importante vivir como personas independientes y responsables. Podemos vivir sin el sentimiento de ser importantes ya que resulta ser un apego que conduce únicamente a generar problemas y al sufrimiento. Incluso nuestro deseo de ser como el Buda o de estar libres de todo sufrimiento tiene como motivación nuestro aferramiento al yo y, por tanto, seguirá produciendo problemas. Nunca entenderemos estos problemas, por muy buenas personas que seamos, si no vemos que nuestros problemas son en sí mismos el problema. Cuando Su Santidad el Karmapa explicó esto por primera vez, no fue tan fácil captar lo que quería decir, pero con el tiempo llegamos a apreciar el sentido de su advertencia. Él solía pedirnos que nos olvidásemos de nosotros mismos y que actuásemos más por los demás. Nos decía que nuestra vida sería extremadamente útil y que seríamos felices, que era lo que todos deseábamos. Esta lección de Karmapa constituye exactamente el tema central de las enseñanzas del Buda: el samsara es sufrimiento y la *bodhicitta* nos traerá la felicidad, a nosotros y a los demás. Esto va en contra de la actitud habitual del mundo de mirar primero por "mí" por temor de que los demás me quiten "mi" felicidad.

La actitud interna del auténtico maestro subyace en todo lo que él es y en todo lo que hace. Actúa únicamente en beneficio de los demás, incluso en los actos más nimios que realiza y su motivación interior no siempre es evidente. Si alguien presume de lo amoroso que es, entonces no es auténtico. Por eso debemos verificar al maestro, porque es alguien en el que vamos a depositar nuestra confianza y vamos a adoptarlo como modelo. Además, a través de él, que tiene la responsabilidad de transmitir el linaje, vamos a seguir la cadena de maestros, uno por uno, hasta llegar al Buda.

Tomemos el ejemplo de Gendun Rimpoche, que no hablaba ningún idioma occidental, ni leía los periódicos, ni escuchaba la radio. Parecía una persona aislada, pero si se le preguntaba algo, respondía inmediatamente con claridad meridiana. Podía uno estar pensando constantemente en un problema, que se volvía cada vez más confuso y complicado y Gendun Rinpoche podía resolverlo al instante: "¡Ah, pero si era algo tan simple!", pensaba uno a continuación. Lo mismo es lo que ocurre con los mecánicos que reparan coches; saben cómo hacerlo porque conocen a la perfección cada parte del motor y sus funciones.

El lama ordinario

El cómo nos relacionamos con el auténtico maestro depende de nuestro nivel de comprensión y nuestro conocimiento de la mente. Como ya se ha explicado, nuestra acumulación de méritos determina en gran medida el nivel de nuestra receptividad. Para las personas que no tenían la predisposición de conectar rápidamente, Gampopa enfatizaba la importancia del lama ordinario, alguien que puede iniciarnos en el aprendizaje del Dharma hasta que podemos relacionarnos con un auténtico maestro de una manera significativa. De otro modo y debido a los velos mentales de los seres sintientes, podemos no reconocer al auténtico maestro que está ante nosotros.

La mayoría de las personas quieren encontrar al auténtico maestro, pero el problema estriba en que nuestro juicio se ve limitado hasta cierto punto por nuestra visión de las cosas. Esta obstrucción puede afectar negativamente nuestra relación con un auténtico maestro, por lo que no se produce un buen encaje. Por ello, en *El Precioso Ornamento de la Liberación*, Gampopa insistió en la importancia que tienen para nosotros los maestros ordinarios, porque nos introducen en el camino del Dharma, nos instruyen y nos dan explicaciones al respecto, además de prepararnos y ayudarnos en nuestro desarrollo. De otro modo, continuaríamos en nuestra habitual actitud de posponer los cambios favorables, ya que es difícil cambiar de mentalidad. Un ejemplo sencillo podría ser que todos sabemos lo que es el papel, pero no creeremos a alguien que intente decirnos algo distinto de lo que pensamos. La creencia o reconocimiento proceden de nuestro interior y lo mismo debe suceder con el cambio. Los lamas ordinarios pueden ayudarnos a captar el sentido para que sepamos qué buscar y cómo hacer los ajustes necesarios, porque nos posibilitan romper con los prejuicios y la forma habitual de pensar.

Podemos relacionarnos con un lama "ordinario" a un nivel personal. Sin embargo, para que un lama, sea ordinario o extraordinario, pueda ser calificado de amigo espiritual, necesita tener ciertas condiciones, características y conocimiento. En tibetano "*La*" quiere decir "superior en conocimiento" a nosotros. "*Ma*" es alguien que cuida de nosotros. Así pues, "*Lama*" apunta a un guía espiritual, que puede explicarnos el camino y el logro de la budeidad.

Un maestro budista debe poseer una mente realmente compasiva como cualidad indispensable y ofrecer su servicio para ayudar a los demás. Su actitud es de infinita paciencia, cuidadoso en sus palabras y siempre tiene como objetivo el beneficio de los demás. Su compasión se multiplicará de forma natural a medida que realiza sus actividades enraizadas en una actitud del despertar. No debemos esperar de él que sea como los grandes *bodhisattvas* realizados, sino como alguien que sinceramente adopta la actitud del despertar. Gampopa describió al lama "ordinario" o "común" no como alguien perfecto, lo mismo que no lo somos nosotros. No debemos exigirle esto, porque crearemos problemas al tener estas expectativas. El lama ordinario es especial porque cultiva la *bodhicitta* y su forma de guiarnos debe ser pura, sin intereses propios ni querer ser especial. Sin este sincero compromiso y aunque pueda explicarnos los términos y significado de las enseñanzas, podría al mismo tiempo influirnos con sus tendencias, llevándonos en la dirección equivocada. En consecuencia, debemos ser cuidadosos y seguir a un maestro que posee la actitud de la *bodhicitta*. Por supuesto que no podemos ver realmente la motivación de otro, pero sí podemos reconocer a las personas que se consideran a sí mismas muy importantes. Adoptar la mente del despertar no significa sonreír y hablar con mucha amabilidad, sino tener una mente de gran claridad y pureza. Puede encontrarse en alguien que puede parecer rudo y sin modales, pero bajo cuyo caparazón exterior, no hay apego, odio, ni mala intención.

El lama ordinario debe conocer las enseñanzas y haber aprendido las diferentes materias de la enseñanza budista, con las que está familiarizado. Las estudia, practica y aplica en su vida cotidiana. Al comprometerse en la práctica de este modo, recibe las bendiciones de los maestros realizados, lo cual se realiza como un proceso absolutamente natural. Es a través de la práctica como se conecta con un maestro extraordinario, o un *yidam*, que es una forma de *bodhisattva* en la tradición Vajrayana. Por todo ello, cualquier guía espiritual debe combinar práctica y aprendizaje.

Tenemos que entender que veremos defectos en el lama ordinario. No obstante, los errores que vemos en los demás son frecuentemente debidos a nuestras propias ideas, porque estamos constantemente emitiendo juicios y críticas y así es difícil encontrar a alguien perfecto. La actitud crítica aparece cuando nuestro propio conocimiento y nuestras ideas nos nublan hasta el punto de que, cuando se presenta ante nosotros una idea nueva o diferente, la rechazamos de inmediato porque no tenemos espacio para integrar nada ni a nadie diferente a nosotros. Esto significa que estamos bloqueándonos nosotros mismos y continuamos buscando, pero no encontramos a nadie perfecto y, mientras tanto, no logramos ni realizamos nada.

Las emociones pueden transformarse y convertirse en el "camino" y el "resultado", conduciéndonos así a la naturaleza de la mente; en ese sentido, son el camino. Asimismo pueden convertirse en una realización de la mente, que es la meta o el resultado en sí mismo. En todas las enseñanzas del Dharma se señala que es fundamental entender el funcionamiento natural de la mente. Las emociones pueden abrir la puerta a una mayor comprensión interior de nuestro funcionamiento. Tomemos cualquier emoción e intentemos comprenderla con más claridad, observándola y reflexionando sobre ella. Cuando nos encontramos ocupados en juzgar a los demás, nos recordamos que nosotros también somos seres humanos. A su vez, esto nos ayudará a entendernos realmente y a desarrollar una mente pura, que no significa pensar que alguien es puro, lo cual no tendría sentido, sino que una mente pura reconoce las condiciones básicas del ser humano y esto incluye la ignorancia, las emociones que nos afligen, los prejuicios, las proyecciones, etcétera. Todos tenemos todo esto, porque somos humanos y tanto si tratamos con el lama como con cualquier otra persona, es muy beneficioso ser consciente de nuestros velos mentales, producidos por nuestras emociones y nuestros prejuicios.

Lo mismo que mantenemos una mente abierta sobre el lama, intentamos ser conscientes de nuestros prejuicios e ideas en nuestro trato con los demás. Llegaremos así a entender aún con más claridad los oscurecimientos que tienen origen en nuestras emociones, tendencias habituales y prejuicios, aplicando este conocimiento en nuestras interacciones con los demás. Si no, las enseñanzas se convierten para nosotros en simples palabras. Es fácil trabajar con nuestros hijos, familia y amigos, relaciones todas ellas que revelan muchas de nuestras condiciones internas; y cuando las vemos, intentaremos reflexionar con más profundidad. Este es el proceso mediante el que podemos progresar. Las enseñanzas siempre hacen hincapié en la importancia de la conducta ética. Lo mismo que evitamos a los amigos negativos, tiene sentido que queramos ser amigos positivos para otros. Así, continuamos practicando, haciendo introspección y aplicando nuestra comprensión en nuestra vida diaria. De este modo, el conocimiento de cómo funcionamos aumentará, lo cual constituye un propósito esencial en nuestra relación con el lama.

Un lama ordinario es alguien que tiene una mente de *bodhicitta*, lo que significa que posee una actitud adecuada y que le habita una ética impecable. Ha encarnado algunas prácticas y puede enseñarlas. Cuando emprendemos al principio el aprendizaje del Dharma, es importante tener un maestro ordinario, porque es más fácil relacionarse con él. Es un amigo espiritual más avanzado que nosotros en su entendimiento del Dharma; "espiritual" se utiliza como algo opuesto a mundano, porque él nos proporciona información sobre las auténticas enseñanzas del Buda y de los grandes maestros; por ello, hemos de tener un cierto grado de confianza y respeto hacia él como maestro nuestro. Seguimos sus instrucciones y las aplicamos en la práctica, así estamos seguros de lograr algunos resultados gracias a nuestros esfuerzos. Lo cual significa que acumularemos méritos que, a su vez, crearán condiciones favorables cuando encontremos a los *bodhisattvas* o maestros extraordinarios de una forma significativa. Si lo hacemos así, no desperdiciaremos las buenas oportunidades. Y lo más importante es que un lama ordinario nos sirve bien como preparación para conectar con maestros realizados.

Existen diferentes formas de relacionarnos con el lama, siendo la más básica recibir sus instrucciones y ponerlas en práctica. Mientras mantengamos el discernimiento adecuado, como se ha explicado anteriormente, será fácil relacionarse con un maestro; si no, podemos estancarnos y ser incapaces de beneficiarnos plenamente de la relación. Nuestros conceptos y opiniones nos bloquean a menudo, impidiéndonos ver las cosas de forma diferente. Por ejemplo, cuando oímos la palabra "amor", cada cual tiene ideas preconcebidas sobre la misma, ya que el mismo término conlleva diferentes clases de amor, al igual que cada uno de nosotros experimenta de forma diferente su significado. La mayoría de las personas es consciente de estas diferencias y, por tanto, somos cuidadosos en nuestras interpretaciones y comunicaciones. Del mismo modo, necesitamos mantener una mente abierta cuando nos relacionamos con el lama.

Cuando encontramos a un verdadero maestro y recibimos sus enseñanzas, tal vez nos sintamos conectados de algún modo; sin embargo, al mismo tiempo nos resistimos un poco, pensando: "no puedo pensar en el lama como si fuera un buda; no puedo creer que sea completamente puro". Puede que surjan estas dudas en la mente y, por ello, es útil estudiar las relaciones históricas entre maestro y discípulo. Al estudiar cómo se relacionaba Milarepa con su maestro Marpa, podemos aclararnos sobre las cualidades del maestro. Al mismo tiempo, podemos aprender cómo aprendían los maestros en el pasado cuando eran aún discípulos. Una vez más y a propósito de esta cuestión, *El Precioso Ornamento de la Liberación* de Gampopa constituye una excelente referencia al respecto, ya que proporciona una descripción detallada de los requisitos que debe reunir un maestro y explica los diferentes niveles de maestros, desde el lama ordinario como maestro del Dharma hasta el *bodhisattva* o extraordinario amigo espiritual que ha alcanzado algún nivel de realización. Así pues, podemos estudiar con atención las clasificaciones y explicaciones de Gampopa y llegar a una mejor comprensión.

Capítulo 10. A propósito del Discípulo

Los méritos

Acumular méritos es muy importante para nuestra práctica del Dharma, pero debemos antes entender adecuadamente el significado exacto de "méritos" en este contexto. Normalmente se entiende que los méritos son la causa de la buena fortuna en la vida, como tener éxito en lo que hacemos o vivir en medio de circunstancias agradables, pero no es esta la clase de méritos que debemos acumular en nuestra práctica. Para ilustrar su significado, pongamos el ejemplo de verter agua en un pedazo de papel: el agua se escurrirá, porque el papel no tiene la capacidad de retener el agua. De igual modo, sin méritos, la mente no tiene capacidad para comprender con claridad, así que decimos que acumular méritos sirve para que la mente tenga la capacidad de entender correctamente el significado del Dharma.

Estar incluso de acuerdo con las enseñanzas no significa que hayamos comprendido su significado. Para captarlo hemos de haber acumulado méritos, que además variará según las personas. Gampopa decía que algunos podían captar el sentido de las enseñanzas inmediatamente y que otros no podían, debido a la diferencia en sus méritos. No podemos evaluar si alguien tiene o no méritos. Algunas personas de mente clara o que pueden fácilmente entender el Dharma han acumulado méritos en sus vidas pasadas. Otras que no han acumulado méritos pueden todavía llegar a comprender, aunque les pueda llevar más tiempo. Esto muestra la importancia de los méritos o *sonam* (en tibetano), porque impactan directamente en nuestra capacidad de entender con claridad.

El Precioso Ornamento de la Liberación explica que la capacidad o potencial de un discípulo depende completamente de los méritos, su "karma básico". Nuestra capacidad de comprender está pues basada directamente en nuestros méritos, así como nuestra visión de las cosas, por lo que deberíamos tomarnos un tiempo para considerar el sentido de los méritos.

Relacionarse con el lama o el maestro parece aparentemente fácil, sobre todo cuando las cosas van bien. Sin embargo, cuando surgen dudas y contradicciones, estamos perdidos en cuanto a cómo hacer y nos esforzamos realmente para obtener más claridad. Pero solo podemos tener un cierto grado de comprensión regido por nuestro potencial. En consecuencia, no debemos intentar entender tanto como puede hacer, por ejemplo, otra persona, sino centrarnos en desarrollar nuestro potencial interior bajo la guía de nuestro maestro. Tras obtener las instrucciones adecuadas, podemos empezar a aplicar los métodos. De este modo, aumentaremos paulatinamente nuestra comprensión, sin prisas ni presión. Incluso el empezar a mejorar no es nada especial, sino que continuamos relacionándonos con el maestro de la sola forma que sabemos: basándonos en nuestra comprensión interior, ya que no hay otro modo.

Por el momento nuestra mente está bloqueada y no podemos ver nuestra verdadera naturaleza y la de nuestro mundo. Mientras nuestra mente permanezca en la ignorancia, estamos atrapados en una existencia ilusoria. La visión Madhyamaka (la más elevada visión de la filosofía budista) explica con gran detalle este obstáculo que se halla en nuestra mente: la ignorancia, las ilusiones o engaños y cómo liberarnos de todo ello. Pero aun teniendo las explicaciones, seguimos sin tener una idea precisa de estas condiciones. Ilusión o engaño es un concepto muy profundo, cuya comprensión ha de ser muy precisa para llegar a su pleno significado. La visión Madhyamaka se funda en un riguroso análisis y en una compleja deducción; unida a la experiencia de la meditación brindará la claridad definitiva con la que podremos iluminarnos y liberarnos de la ignorancia.

Es obvio afirmar que la visión Madhyamaka no es fácil de captar. Las palabras parecen bastante sencillas, pero se requieren muchos méritos. Hay que insistir en que normalmente los méritos se asocian con tener una buena vida en la que todo vaya bien y a veces pensamos "tengo muchos problemas, no tengo éxito y esto debe querer decir que no tengo mérito". Pero esto no es así, leyendo las biografías de los grandes *siddhas*, que son personas de una gran realización, comprobaremos que eran a menudo practicantes inteligentes, pero que no tenían mucho éxito en la vida en un sentido ordinario. El éxito les vino únicamente tras practicar el Dharma hasta que alcanzaron la realización. En este contexto, los méritos pueden manifestarse realmente como obstáculos en la vida cotidiana, en forma de frustraciones o de proyectos fracasados que llevan a alguien a dirigirse hacia la práctica del Dharma y conduciéndole posteriormente a la realización definitiva de una mente despierta. Por esto no tenemos que desanimarnos con pensamientos como: "No soy tan feliz, no puedo encontrar el sentido de la vida y muchas cosas me han salido mal; ¡debo tener mal karma!". No debemos pensar así. Por supuesto que el mérito ordinario puede significar que las cosas nos vayan bien y que tengamos una buena vida, pero los bienes transitorios de la vida cotidiana no son importantes. Lo importante son las circunstancias apropiadas y el mérito de practicar el Dharma. Y Gampopa explicó con claridad que la forma de acumular méritos depende totalmente del amigo espiritual.

Los resultados positivos provenientes de las dificultades

De la biografía de Milarepa se deduce que si no hubiera sido por el maltrato que sufrió en su niñez, es evidente que no habría alcanzado el despertar. Todos los problemas a los que tuvo que hacer frente le hicieron buscar una salida que, en última instancia, le condujo a su maestro Marpa. Sus problemas no se acabaron tras encontrarlo. Como maestro, Marpa no se cansaba de crear desafíos y peticiones a Milarepa, para permitirle alcanzar una comprensión real. Algunas personas podrían malinterpretar el trato de Milarepa, calificándolo de tortura, cuando en realidad las pruebas y tribulaciones eran medios eficaces para abrir la mente de Milarepa y llevar su comprensión interna a la plena realización de la mente que es el despertar.

De igual modo, debemos considerar nuestras condiciones y experiencias, buenas o malas, y utilizarlas para aprender más sobre el funcionamiento de nuestra mente. Nos abrimos a las oportunidades que la vida nos presenta, siempre conscientes de lo que realmente importa. En general, estamos en alguna medida bloqueados o con una mente estrecha, a la espera de que las cosas sean de una determinada manera y tenemos que darnos cuenta de que las cosas no funcionan necesariamente así. Intentemos estar más abiertos a las diferentes posibilidades que también pueden ser válidas, o incluso que pueden funcionar mejor. De este modo, cambiará nuestra perspectiva y nuestra comprensión. A veces tal vez sintamos que tenemos que padecer los mismos sufrimientos que Milarepa atravesó para purificarnos y acumular méritos. Hay que insistir en que existen distintos estilos para las diferentes personas. Rechungpa (1083-1161) y muchos maestros del pasado no tuvieron que atravesar desafíos extenuantes. De hecho, lo que limita nuestra mente es nuestra visión de que solo existe un camino. Si algo funciona para otras personas, llegamos rápidamente a la conclusión de que tiene que ser de igual modo con nosotros, sin que haya otra alternativa.

Sin embargo, algo importante al relacionamos con el maestro o lama para comprendernos mejor a nosotros mismos consiste en estar muy abiertos. Esto requiere crear un espacio en la mente, que es difícil por el bloqueo proveniente de nuestras ideas personales; por ello no hay espacio para la introspección, y espacio significa simplemente una "oportunidad para mirar más profundamente" y comprender mejor. De nuevo, podemos acudir a la búsqueda de Naropa en pos de Tilopa para hacernos una idea. Tilopa se manifestó en forma de perro infestado de gusanos. Naropa vio al perro moribundo, pero no le ayudó, porque estaba demasiado "bloqueado" por su deseo de encontrar a Tilopa; pero este se manifestó apareciendo ante Naropa con las siguientes palabras: "Si no tienes compasión, no te sirve de nada el lama". Fue así como Tilopa hizo que Naropa mirase profundamente dentro de sí para comprender su funcionamiento. A menudo pensamos y nos comportamos de forma muy mecánica. Creemos que si encontramos a un maestro, recibimos sus enseñanzas y practicamos, llegaremos a la realización. Esto es así en cierta medida, pero si no hacemos un buen uso de las circunstancias que se cruzan en nuestro camino, no obtendremos ningún resultado.

El significado de la lección que Tilopa dio a Naropa es el siguiente: sin una auténtica compasión hacia todos los seres, el lama carece de importancia ni tiene ningún sentido. Tilopa transmitió exactamente esto a Naropa, que realmente necesitaba esta lección, ya que creía saberlo todo. No olvidemos que era uno de los más sobresalientes eruditos de su tiempo, a pesar de que seguía teniendo un impulso interno de aprender más y, por ello, emprendió la búsqueda de un maestro. Tilopa logró enseñarle los puntos esenciales mediante doce pruebas específicas y Naropa comprendió completamente uno por uno. Puede que nuestro recorrido no sea exactamente como el de Naropa, pero deberíamos extraer alguna comprensión de su ejemplo.

Podemos aprender otra lección de la misma escena de la aparición de Tilopa en forma de perro. Pensamos que esta aparición es imposible y, por eso, la llamamos milagro, pero este constituye otro ejemplo de nuestro bloqueo: "no podemos hacerlo, no lo entendemos, ¡debe ser un milagro!". Pero, si seguimos estando abiertos, comprenderemos que cuando la mente es libre, todo puede suceder. Esto queda lejos de nuestra comprensión, por el momento, porque estamos anclados en nuestros espejismos ilusorios. De hecho, existen muchos y diferentes procesos mentales y existen prácticas y explicaciones precisas que pueden guiarnos hacia tener paulatinamente más comprensión. También llegaremos a conocerlas a través de la práctica aunque, mientras tanto, nos conformamos con ser simplemente conscientes de que la mente posee muchas más capacidades de las que estamos acostumbrados a utilizar.

La naturaleza de la mente es muy profunda y compleja, por lo que a este respecto decimos que es muy difícil de realizar. Sin embargo, una vez más, la palabra "difícil" es solo un concepto relativo y podemos empezar a entenderla viendo como los antiguos maestros practicaban y cómo se conectaban, a su vez, con sus maestros espirituales. Sin introducirnos en grandes profundidades, basta con reconocer que la relación con el lama reside en una gran medida en la motivación interior, la actitud y la comprensión por parte del discípulo. Esto no quiere decir estar obsesionado con ser de una u otra manera, sino que debemos escuchar y reflexionar atentamente y la comprensión se producirá de forma natural. No es tan difícil de hacer, pero si intentamos ser rígidos, tendremos problemas. No podemos cambiar repentinamente, aunque nos esforcemos al cien por cien, sino que llegaremos a la comprensión, siendo constantes en la práctica y sin ninguna presión. Se producirá en nosotros un cambio de forma natural. El método siempre consiste en dos pasos: el primero, entender o captar la idea correctamente, y el segundo, poner en práctica nuestra comprensión. Ambos pasos se basan en nuestra resolución interna y en nuestra mente. Este es un punto esencial que evita que sigamos ciegamente sin comprensión, es decir, con una fe ciega; puesto que seguimos nuestro propio entendimiento, necesitamos tenerlo muy claro.

Una relación auténtica

Una vez más hay que insistir en que la relación entre maestro y discípulo depende de cómo piense, comprenda y actúe este. No existe un estricto código de lo que se debe y no de debe hacer y nuestro actuar es espontáneo. Podemos darnos una idea de cómo funcionar, haciendo lo mismo que en las pequeñas cosas de la vida cotidiana, pues somos animales de costumbres fijas y los hábitos mentales parecen mezclarse con nuestros prejuicios e ideas de las cosas, las incesantes distracciones y todo tipo de apegos. Los hábitos están presentes por naturaleza y, aunque intentemos cambiarlos, no podemos extirparlos; es como si estuvieran pegados con pegamento. Pero lo mismo que nuestros hábitos han ido creciendo de forma natural con el tiempo, cambiarlos sucederá también con el tiempo naturalmente.

Existe un dicho: "un buen discípulo siempre sigue al maestro perfecto", que significa que el discípulo siempre sigue el ejemplo de su maestro y efectúa sus cambios sirviéndose del maestro como modelo. En el pasado, los grandes maestros del Tíbet fueron a su vez discípulos que siguieron a otros maestros. Un buen discípulo no es un imitador que imita a alguien de forma superficial, pues no es un robot mecánico y no sigue rígidamente por obligación y sin reflexionar. Al igual que su maestro, un buen discípulo se atiene al Dharma como experiencia viva, lo cual pone de manifiesto una actitud, un pensar y un actuar de base en perfecta sincronía con el Dharma. Es este el núcleo esencial que el discípulo sigue y aplica día a día, de tal modo que llega a convertirse en su propia naturaleza. A partir de este núcleo, sus ideas, actitudes y acciones fluirán perfecta y naturalmente. Cuando sucede esto, el discípulo ya ha integrado el modo de proceder del maestro en sus hábitos y en su mente. Es así como los discípulos se convirtieron en perfectos maestros.

Muchos adolescentes fuman para adaptarse y, cuando el fumar se convierte en una adicción, ya es difícil dejarlo. Lo mismo que cuando adquirimos malos hábitos por la influencia de los amigos, podemos adquirir buenos hábitos en la relación con nuestro maestro espiritual. Una relación perfecta es aquella en la que todas las cualidades del maestro penetran en el discípulo, y de esto hay muchos ejemplos históricos en el Tíbet. Muchos piensan que los tibetanos son perfectos, pero no es así. Son iguales que los demás pueblos del mundo. La perfección solo les llega a aquellos que siguen a un maestro perfecto. Claro que esto es más fácil de decir que de hacer, ya que el discípulo tiene que recorrer adecuadamente todas las prácticas para que aparezcan los resultados.

En consecuencia, debemos conectar seriamente con un auténtico maestro, y esta relación no es ordinaria ni apasionante; tampoco le damos mucho bombo. Con frecuencia encontramos algunos términos o ideas que nos apasionan y, fascinados, experimentamos intentando sentir o comportarnos de forma superficial. Este fenómeno está muy generalizado, pero Gampopa ya nos aconsejó que, cuando practicásemos el Dharma, estuviésemos relajados y estables. Nuestra relación con el maestro no es diferente, ya que nuestra meta es llegar a la claridad para poder ayudar a los demás. Al concluir algunas prácticas, recitamos palabras que significan volverse inseparables del lama, es decir, lograr un específico estado mental. El énfasis se pone en "lograr", no en simplemente "intentar", De algún modo, la palabra "intentar" connota una forma habitual de seguir que no es lo que pretendemos aquí: lo que queremos es ser uno con el lama.

En *El Precioso Ornamento de la Liberación,* Gampopa explicó la causa y los efectos del *samsara* y la causa y los efectos del nirvana. Al estudiar y comprender este vínculo, reconoceremos qué hacer y la dirección adecuada, siempre con el considerado esfuerzo; al conocer los diversos factores que producen efectos positivos o negativos, podemos relajarnos. Relajarse no quiere decir simplemente sentarse y estar en silencio. A veces relajamos la mente apartándola de todo estímulo y propósito, consiguiendo más estabilidad. Como consecuencia, nos volvemos más estables, pero cuando no somos conscientes de nuestros estados, estos nos bambolean haciéndonos perder el equilibrio. Esto mismo puede aplicarse a la relación con el lama: si uno intenta relajarse, se obtiene más visión profunda. Estar llenos de asombro crea una tensión que nos bloqueará, aunque sea comprensible que existan coyunturas en las que puedan surgir sentimientos de excitación. A medida en que se haga más evidente la relación profunda, nos afianzaremos y calmaremos, y la estabilidad se desarrollará de forma natural.

El auténtico maestro ha alcanzado por sí mismo la verdad suprema. El Guru Yoga es un método rápido para alcanzar esta misma realización, pero "rápido" no significa veloz como cuando se corre, sino que quiere decir un método eficaz que nos permite conectar con el maestro de tal modo que podemos realizar las cualidades del despertar. El término tibetano para denominar este método es *lame neljor*; "*nel*" significa "nuestra participación" y "*jor*" quiere decir "alcanzar el resultado". Tomemos de nuevo el ejemplo de broncearse, para lo cual debemos tomar el sol, y esto es *nel*: nuestra participación, que no debe forzarse. Cuando nuestra piel queda bronceada, hemos logrado un resultado, y esto es *jor*. Para broncearnos, esperamos simplemente bajo el sol y no existe ninguna presión para hacer nada más, pues no se requiere esfuerzo alguno de nuestra parte, ni grande ni pequeño, ya que nos estamos bronceando por la simple naturaleza del sol. Nuestra implicación se limita a mantenernos al sol para absorber sus rayos. Del mismo modo, *neljor* significa que nos abrimos a nuestra naturaleza de Buda: estamos en presencia de todas las cualidades positivas y recibiremos automáticamente las bendiciones. Los *bodhisattvas* tienen la capacidad de ayudarnos, y el efecto consiste en que comprenderemos nuestra mente. Sabemos que tenemos una mente y sabemos que tenemos un nombre, creemos que sabemos quienes somos, pero no lo entendemos exactamente.

En un nivel relativo, las personas que practican Guru Yoga lo hacen porque aceptan y creen lo que dicen las enseñanzas, pero en un nivel supremo, la relación es de inseparabilidad, en la que el discípulo se hace uno con las cualidades del maestro. Y esto ha de producirse de un modo espontáneo, ya que si se fuerza, no funciona, pero si se permite que suceda, se produce. Sin embargo, aún existen importantes puntos que hay que comprender; puntos delicados que pueden fácilmente tergiversarse.

En el Guru Yoga, imploramos al maestro como al precioso Buda y a los tres aspectos de la budeidad en una plegaria de cuatro líneas. También recitamos la siguiente invocación tres o más veces:

> *"Apreciado maestro, te suplico,*
> *Otorga tus bendiciones para que mi mente pueda dejar de aferrarse al yo.*
> *Otorga tus bendiciones para tener contentamiento[25]*
> *Otorga tus bendiciones para que no surjan en mí pensamientos que no sean conformes al Dharma.*
> *Otorga tus bendiciones para que pueda realizar la naturaleza no nacida de la mente.*
> *Otorga tus bendiciones para que la ilusión se disuelva por sí misma.*
> *Otorga tus bendiciones para que las manifestaciones se realicen como el cuerpo de la verdad".*

La esencia de esta plegaria es pedir la bendición del maestro para que podamos alcanzar la realización. Esta invocación muestra con precisión en las palabras recitadas todos los puntos esenciales, de modo que el Guru Yoga nos abre así el mérito necesario, crucial para una comprensión clara del significado de los mismos. Un

---

25 Significa no tener ya apegos.

efecto similar se logra con la práctica del festín de ofrendas[26].

Este ritual se asocia normalmente con la práctica del Guru Yoga. Ofrecemos una elaborada ceremonia festiva al mismo maestro al que hemos invocado en el Guru Yoga. Por ejemplo, tras llevar a cabo el Guru Yoga de Milarepa, le ofrecemos una ceremonia con festín de ofrendas. No obstante, necesitamos méritos para apreciar el auténtico significado que subyace al elaborado ritual, que puede confundir a muchas personas. En realidad, es mucho más que una simple tradición, plegaria o ritual cultural; su finalidad es que obtengamos claridad para aumentar nuestra capacidad de comprensión directamente vinculada a los méritos.

En la vida diaria, tenemos confianza en muchas cosas y personas, pero la confianza depositada en el maestro es diferente. Podemos confiar en un coche que esté en buenas condiciones para cubrir una gran distancia sin problemas; tenemos confianza en buenos amigos con quienes podemos contar. Este tipo de confianza nos proporciona ciertas ventajas y sentimientos positivos en la vida cotidiana. El maestro, en cambio, nos proporciona un beneficio genuino y, lo mismo que el sol cuyos rayos nos broncean la piel, la mente del maestro influye en que nuestra mente gane en claridad. El resultado será una verdadera comprensión de lo que significa tener *mögü, depa* o *damtsik*, cualidades internas que nos posibilitan visión pura y una mente clara. En consecuencia, obtenemos un auténtico conocimiento, que indudable-

---

26 *Ganachakra* en sánscrito, o *tsok* en tibetano, es un ritual y una práctica específica del budismo Vajrayana.

mente constituye un beneficio genuino: concretamente, llegaremos a apreciar las cualidades del maestro.

En presencia de un maestro de elevada realización, seremos incapaces de verlo adecuadamente, si no tenemos claridad. Buda tenía un primo que era muy erudito, pero que carecía de una comprensión real del conocimiento que había acumulado, de modo que era incapaz de relacionarse correctamente con Buda, al que criticaba y desafiaba. De igual modo, aunque hayamos recibido las enseñanzas, depende realmente de nosotros llegar a la claridad de su significado auténtico. Para ello, debemos trabajarlas con un atento examen y una exhaustiva introspección; tenemos que llevar a cabo las prácticas y aplicar los métodos (por ejemplo, la meditación y la práctica del Guru Yoga), que tienen un único propósito: limpiar la mente de todos sus velos; los resultados provienen siempre y exclusivamente de nuestra propia visión profunda.

Existe una plegaria en la que reconocemos que estamos habituados a nuestra forma de ver y de pensar desde hace muchas vidas e imploramos al maestro que continúe estando con nosotros, vida tras vida, hasta el despertar. Por supuesto que rogamos poder alcanzar el despertar, siendo esta una meta a largo plazo. La mayoría de nosotros somos impacientes y queremos resultados inmediatos. Somos así en todo lo que hacemos, pero cuando seguimos el Dharma y estudiamos bajo un maestro, nuestro compromiso debe de continuar y solo finalizará cuando alcancemos el despertar. También queremos seguir por el buen camino, lo que significa continuar con una vida perfecta, es decir, una vida vinculada al maestro auténtico sin desconectarnos del

Dharma. Vida tras vida, hasta el despertar, queremos estar conectados con el maestro y, a través de esta conexión, llegaremos a integrar todo el conocimiento del Dharma. Esto es el fruto, que se explica al detalle en el último capítulo del libro de Gampopa.

A menudo se nos dice que nos relajemos en la práctica, pero esto no significa relajarse en el sentido ordinario del término, es decir, sentarse simplemente a meditar y esperar. Relajarse significa no poner demasiada presión en querer o esperar resultados inmediatos, ya que al saber que el despertar es una meta a largo plazo, aprendemos a relajarnos y a tomar nuestro tiempo para ver realmente y cada vez con más profundidad el funcionamiento innato de la mente. Esta visión profunda exige cierto grado de liberación de las influencias de la ignorancia y la confusión, y no depende de la edad, del conocimiento profano ni de lo inteligentes que seamos. Todos nosotros tenemos la capacidad de conocer nuestra naturaleza esencial; y va a depender de hecho de nuestra preparación interior: la fe y la devoción nos llegarán de forma natural. Pero tenemos que prepararnos porque actualmente nuestra mente está velada por las tendencias, emociones y aflicciones habituales, así como por los oscurecimientos de nuestros prejuicios. Estas condiciones negativas, ancladas en la ignorancia, constituyen un vasto tema de estudio del Dharma, difícil de comprender en nuestro estado actual, aunque definitivamente a nuestro alcance porque tenemos el potencial de captarlo. Mediante la simple práctica del Guru Yoga, podemos obtener claridad: una pureza de mente a través de nuestra conexión con el conocimiento del maestro.

Lo que puede mostrarnos el lama es cómo librarnos

de los velos, y el principal método utilizado es la meditación. Lleva tiempo comprender la esencia de la mente y, para ello, necesitamos ayuda. Sobra decir que tenemos que prepararnos y trabajar sobre nosotros mismos, y lo bueno es que podemos hacerlo, lo que nos remonta a *depa, mögü* y *damtsik*. Estas cualidades purifican nuestra mente y abren el espacio para una comprensión más profunda y, en consecuencia, seremos capaces de conectar con el auténtico maestro y su realización. Así pues, hacemos hincapié en llegar a este punto, porque es alcanzable.

Lo más importante del Dharma es permitir que nuestra mente reconozca la necesidad de ayudar a otros y de hacerlo. Después de haber recibido las explicaciones del lama, las ponemos en práctica y trabajamos en mejorar nuestra comprensión, verificando los progresos en la vida del día a día. Paulatinamente, tendremos más claridad sobre el sentido del Dharma y aplicaremos esta comprensión ayudando a otras personas.

No se supone que los practicantes laicos tengan que abandonar todo, ya que son miembros de la sociedad. Sin embargo, nuestras actitudes son nuestras y podemos ajustarlas al Dharma. Si observamos, veremos que todos estamos interconectados y, aun cuando se trabaje en solitario, el resultado afectará inevitablemente a los demás. Pongamos el ejemplo de la conexión entre padres e hijos, profesores y alumnos y veamos cómo se influyen recíprocamente. Del mismo modo, somos influidos por las cualidades del maestro. Cuando participamos de la vida cotidiana con nuestro nivel de comprensión, influimos en los demás, y no por ello debemos sentirnos orgullosos, sino que nuestra actitud debe ser auténtica y estar conectada con el Dharma, sin darnos especial importancia (nunca insistiremos suficientemente en esto). Siendo sinceros y naturales en nuestras relaciones con los demás, expresamos el mensaje del Dharma y eso llegará a la gente. Es por eso que somos mensajeros del Dharma.

Hay que advertir otra vez más sobre el hecho de que las palabras parecen simples. Sin embargo, si pensamos que vamos a ser maestros de otros, puede incrementar nuestro orgullo. Por esa misma razón, no nos vestiremos externamente como un lama ni adoptaremos sus gestos. Esto significa que vamos a ser nosotros mismos como somos actualmente y que vamos a aplicar nuestra comprensión en nuestros asuntos cotidianos. Si somos padres, se puede ser como un lama con los hijos. "Lama" quiere decir alguien que transmite el mensaje correcto y señala la dirección adecuada. Existen demasiados problemas en nuestro mundo creados por visiones erróneas y comunicaciones engañosas. No podemos cambiar el mundo, pero podemos cambiarnos a nosotros mismos y cambiar nuestra vida y, por esto, Buda enseñó a empezar con uno mismo. Nos preparamos a nosotros mismos, en primer lugar, y aprendemos correctamente del auténtico maestro que ha recibido las transmisiones de un genuino linaje; trasmitiremos en consecuencia el mensaje adecuado y de forma natural. De este modo, irradiamos nuestra ayuda a quienes nos rodean que se encuentren en periodos y circunstancias difíciles.

La importancia de la práctica

Cuando intentamos servir de ayuda a los demás, comprobamos que no es tan sencillo. Nos inspiramos en el Dharma y en la Sangha para tener una dirección y continuamos con todo el proceso de recibir las enseñanzas, reflexionar sobre ellas y practicarlas. Intentamos tener claridad sobre nuestras experiencias, ideas y procesos de pensamiento. En última instancia, purificamos la ignorancia, las tendencias y las emociones perturbadoras de nuestra mente. No basta con entender solamente las palabras y, por eso, los maestros del pasado ponían el acento en la necesidad de practicar lo que sabemos. Únicamente entonces puede enraizarse en nosotros el auténtico entendimiento, no solo conceptualmente sino de forma natural. En ese momento, podemos trabajar con la comprensión mediante nuestra propia visión y, cuando ocurre esto, ya no necesitamos preguntar qué hacer. Pero es necesario algo más que la aspiración para cambiar y se necesita más que el puro esfuerzo: hay que llevar la práctica a una comprensión interna real para que pueda producirse el cambio interior.

La práctica también proporciona otra ventaja: cómo afrontar las emociones que nos perturban. Por el momento quizá sepamos cómo buscar alivio temporal y disminuir el sufrimiento, pero comprender las emociones realmente y trabajar con ellas de forma eficaz es algo difícil de hacer. La forma de afrontar las emociones no es con conceptos intelectuales y complejos, sino que la solución nos llega casi espontáneamente a través de la experiencia. Las enseñanzas pueden profundizar mucho sobre este tema, pero en la práctica es posible que aparezca una respuesta simple. Un ejemplo para ilustrar este punto es el hecho de matar mosquitos. Se nos dice que no los matemos, pero no los queremos cerca hasta que tenemos verdadera compasión. Aun siendo una buena persona, no podemos evitar dar un palmetazo a un mosquito que se nos ha posado encima. La compasión procede de una verdadera comprensión de la naturaleza de los seres y, cuando se obtiene, dejaremos de matar mosquitos aunque nos digan que lo hagamos. La misma lógica puede aplicarse a las emociones negativas del deseo, el orgullo, los celos, la ira, etcétera. Todos sabemos que causan sufrimiento, pero no podemos evitar tener emociones y esto significa que aún no vemos el núcleo de la cuestión, ni tampoco podemos forzarnos a verlo. No es lo mismo que cambiar las pilas en una linterna, que así va a funcionar. La respuesta tiene que venir de nuestra propia comprensión y Buda dijo que esta comprensión tiene que venir de la meditación.

Meditación es una palabra corriente. En la actualidad, existen muchos y diferentes métodos, así como numerosas aplicaciones, pero es útil saber la finalidad de la meditación budista. Normalmente podemos ver, oír y leer con claridad y, sin embargo, algo de nuestra comprensión está bloqueado de forma que no podemos hacer lo que queremos. La meditación se dirige a disipar los bloqueos para que podamos funcionar adecuadamente.

Una forma de ayudar a nuestros hijos y amistades es proporcionarles la información adecuada; sin embargo, para proporcionársela debemos liberarnos de nuestras perturbaciones internas, porque nublan nuestra mente. Cuando tenemos claridad, sabemos exactamente qué hacer y qué decir, pero en ocasiones pueden surgir las emociones, cuando queremos algo y no podemos conseguirlo. En este caso, aplicamos las enseñanzas del Dharma y cuanto más practiquemos, más claridad tendremos para resolver la situación. Este proceso es gradual, así que cuando se aplican las enseñanzas, hay que intentar no aferrarse a los términos y conceptos, sino al significado que hay detrás de las palabras para obtener una auténtica comprensión. Únicamente con esta clara comprensión, nuestra comunicación con los demás será pura y natural. Entonces también seremos auténticos y el beneficio estará ahí para nosotros y para los demás. No tenemos que esperar a ser perfectos para ayudar a otros, ya que el camino del Dharma es una continuidad de la vida, en la que, mientras aprendemos y hacemos progresos, nos volvemos naturalmente más eficaces y útiles para los demás. A esto es a lo que se llama integrar las enseñanzas en la vida cotidiana. Al practicar tanto como podamos en cada situación diaria, aumentará nuestra comprensión y nuestro progreso quedará asegurado.

Siempre pensamos que tenemos que forzarnos para practicar, pero en realidad podemos hacerlo sin presión; podemos meditar para obtener claridad mental. Especialmente en el Vajrayana, la práctica es algo más que sentarse a meditar; practicamos con todos los soportes que tenemos de nuestro Refugio, nuestro *yidam* y nuestro lama, como ya se ha explicado anteriormente. La potencia de estos soportes depende de nuestras condiciones internas, pues apoyo significa conectar con el Buda, el *yidam*, el linaje de maestros y nuestro lama, que tienen cualidades perfectas. Durante la práctica, estamos en su presencia, por eso se suele decir que somos inseparables de ellos y que meditamos en ese estado; y no es importante cuánto tiempo meditemos, sino la calidad de nuestra atención. Tanto si practicamos diez minutos, treinta, o varias horas, lo que importa es permanecer plenamente atentos y conectados con las cualidades del despertar. Durante la meditación, la clave es esta conexión realizada mediante la atención plena, lo mismo que es necesario tomar el sol para broncearse. Una diferencia entre broncearse y la meditación consiste en que en esta no necesitamos esperar un resultado, por lo que el tiempo no tiene ninguna importancia.

El problema radica en esperar resultados. Aunque no lo hagamos deliberadamente ni nos sea obvio, inconscientemente siempre estamos esperando algo y nos ponemos contentos cuando tenemos señales, como una cierta apariencia o un sentimiento; sin embargo, esas señales carecen de importancia. Tenemos que ser conscientes de que este tipo de apego se repite, por lo que no debemos quedarnos estancados en nuestras tendencias habituales.

Debemos saber que tenemos la naturaleza de Buda y que podemos recibir las bendiciones. Esta confianza permite que nuestra mente sea inseparable de las cualidades del despertar; es entonces cuando nuestra práctica se vuelve espontánea y natural. La mayoría de las personas piensan que la bendición es un sentimiento, una visión o algo por el estilo. Sin embargo, en realidad las biografías de los maestros del pasado como Gampopa o Milarepa no dicen que las bendiciones no son sentimientos y que efectos como los sentimientos no tienen ninguna importancia. Normalmente pueden ser positivos o normales, pero no especiales y, si no somos conscientes de esto, podemos quedarnos atrapados en esos estados de apego. Al ver con claridad que todo es normal, podemos continuar paulatina y naturalmente.

A veces, cuando deseamos ser útiles, ayudar o inten-

tar hacer lo mejor que se puede, nos metemos en dificultades. Recurriendo a las enseñanzas para tener orientación y guía, encontraremos un método para resolver las
dificultades. "Método" significa aquí una forma clara de
entender y actuar, así como un modo de reconocer lo
que es importante, en lugar de seguir con nuestras proyecciones. Necesitamos relajarnos para realizar lo que es
beneficioso y esta es la meta del Dharma que procede
de aplicarlo. Quizá nos sea difícil por el momento, dado
nuestro apego y nuestras proyecciones, pero intentamos
entender poco a poco y, gradualmente, alcanzaremos la
comprensión clara.

Capítulo 11. Conclusión: ¡todo depende de nosotros!

No podemos dejar de subrayar la importancia de vivir cada día vinculados con la actitud del despertar, porque sus beneficios son enormes. La *bodhicitta* instaura mérito positivo en nuestra corriente mental, que puede hacer madurar completamente el potencial de nuestra mente y despertarla. Aunque no es tangible, en la práctica nos posibilita un mejor funcionamiento. El karma positivo resulta de una mente positiva basada en la actitud del despertar. En otras palabras, la *bodhicitta* influye directamente en el karma. Por ello las enseñanzas siempre enfatizan la importancia de esta actitud del despertar. Al mismo tiempo, no es que tengamos que aprender o adquirir nada nuevo, sino que es más bien un potencial a desarrollar, para lo que hemos de ser introducidos porque no lo entendemos apropiadamente. Se trata realmente de nuestra propia capacidad. La palabra *bodhicitta* puede parecer "fantasiosa" y, por ello, no estamos muy seguros de qué hacer o tal vez nos sintamos confusos. En este caso, pensemos simplemente que se trata de una influencia positiva o de una buena circunstancia. Tendemos a pensar que bastaría con que las circunstancias externas fuesen favorables para que las cosas funcionaran, y seríamos prósperos, felices y estaríamos bien. Sin embargo, son nuestras actitudes internas en realidad las que establecen las pautas de las situaciones externas. Cuando nuestra mente está contaminada de negatividad, las cosas no marchan bien y nos parecen una carga. Por el contrario, cuando la mente es positiva, las cosas externas son igualmente favorables.

Una actitud positiva procede en realidad de un nivel de conciencia de la mente. Considerar a todos los seres como importantes e iguales a nosotros ejerce una influencia positiva en nosotros. Esta comprensión de igualdad procede del mérito que nos permite ser siempre útiles y serviciales para los demás, en todos y cada uno de los pequeños detalles. Todo el bien que generamos no lo mantenemos para nosotros, sino que lo dedicamos al beneficio de todo el mundo y, aun cuando no nos dediquemos plenamente a los demás, podemos al menos reconocer las oportunidades de hacer el bien cuando estas aparecen, y podemos así actuar en consecuencia. De momento no somos conscientes de cómo son las cosas realmente y de su significado, pero una vez lo entendamos, veremos con más claridad cómo actuar de forma beneficiosa para los demás. Mediante nuestras acciones positivas, seguimos acumulando mérito. Las acciones positivas siempre siguen a un pensamiento positivo y pensar positivamente significa beneficiar no solo a unos pocos sino a todo el mundo sin excepción. Esto requiere un entendimiento preciso de las circunstancias y condiciones de los seres que nos van a permitir actuar espontáneamente de un modo positivo.

Para adquirir el entendimiento preciso, progresamos mediante una forma estándar de aprendizaje que va, al principio, desde la escucha del significado a la reflexión sobre el mismo y, a continuación, a actuar en consecuencia. El resultado es una mayor claridad mental. De este modo, podemos madurar nuestro potencial interno que está ya ahí, permitiéndonos cada vez mayor comprensión y un preciso entendimiento de las circunstancias y condiciones de los seres para que podamos ayudarles.

Podemos comprobar la validez del Dharma en las situaciones cotidianas. No se trata de actuar por obligación, o cumplir una sentencia judicial, ni tampoco por propio interés. Cuando aplicamos el sentido de la *bodhicitta*, descubrimos que todos somos iguales, es decir, que estamos sujetos a las mismas circunstancias; lo cual no es como percibimos ahora a los demás.

Con la actitud de la *bodhicitta* en mente, intentamos ser útiles en situaciones a nivel práctico. Por ejemplo, cuando alguien se acerca a nosotros pidiendo ayuda, tendemos a evaluar la situación para ver si la ayuda está justificada. Si descubrimos que el otro tiene una mejor posición que nosotros, tenemos tendencia a no prestarla. Puede aparecer este tipo de pensamiento o que tal vez no queramos ayudar. De ninguna manera se trata de forzarnos, sino de intentar responder como podamos, ya que incluso una minúscula ayuda puede permitir que la persona tenga un sentimiento de alivio o de verse apoyada. Es necesario intentar ser más abiertos para poder realmente apreciar el significado de la *bodhicitta*. A través de la reflexión, veremos con más precisión nuestra propia motivación, nos despertará y tal vez descubramos que nuestra actitud es de hecho negativa: "No quiero hacerlo; no me siento bien; no puedo hacerlo". Estos pensamientos surgen, aunque no son importantes; simplemente hay que dejarlos pasar e intentar ver qué es lo que realmente importa en la situación determinada. Puede que se simplifique o aclare la dificultad o la complicación que teníamos. La respuesta vendrá como algo evidente y sabremos qué hacer, sin necesidad de pedir consejo ni ayuda a nadie. Tampoco es necesario adelantarse en las decisiones, ya que en presencia de una situación concreta veremos nuestros pensamientos momentáneos y nuestras actitudes y estados mentales. Gradualmente y con la práctica, empezaremos a entender la "igualdad" en todos los seres y es fundamental que lo descubramos por propia experiencia.

Una mente clara, adecuadamente orientada hacia la *bodhicitta* nos enraíza y nos vuelve estables, ya que cuando entendemos claramente cómo son las cosas, y no de forma superficial, ya no estamos confusos, distraídos, ni nos sentimos perdidos. Este es uno de los resultados de la sabiduría, que no significa una mente en silencio, sino una mente clara que lo entiende todo y, como la mente está clara, no puede ser distraída, lo que significa menos sufrimiento. Hasta que se alcanza la budeidad, aparecerán diferentes tipos de sufrimiento, que no nos bloquearán en la medida en que desarrollemos claridad y sabiduría. Para lograr este tipo de resultados, debemos estar seriamente enraizados en la actitud del despertar a lo largo del camino, practicar con regularidad la meditación y aplicar la *bodhiccita*; paulatinamente los resultados aparecerán.

Debemos aprovechar todas nuestras relaciones, oportunidades y circunstancias a lo largo de todo el proceso, reflexionando, aplicando lo que sabemos e intentando realmente implicarnos en mantener la actitud de la *bodhicitta*. Poco a poco aumentará nuestra comprensión, tendremos más claridad y, consecuentemente, mayor capacidad de ayudar a los demás; sin una adecuada comprensión, por mucho que lo deseemos, no sabremos cómo ayudar porque interferirán nuestras emociones. Por tanto, en el inmediato aquí y ahora, nos esforzamos seriamente para cultivar nuestra capacidad, y no tenemos por qué desarrollar claridad en soledad. Si nuestros esfuerzos y acciones tienen una motivación correcta, también mejorarán nuestras circunstancias: la acumulación de méritos, el estado de nuestra mente y nuestra comprensión de las enseñanzas del Dharma, adquiriendo todo más sentido y sintiéndonos mejor con nosotros mismos. Nuestra mente alegre y en paz estará ya lista para ayudar a los demás y, al hacerlo obtenemos más méritos, lo que aumentará a su vez nuestra capacidad de comprender y ayudar.

En este mismo momento, podría uno preguntarse si es tan importante la actitud del despertar, ya que las resistencias fluctúan y, a veces, se vuelven muy intensas en momentos de debilidad. Cuando surjan, hay que reflexionar en el significado esencial de la *bodhicitta* y en qué estado se haya nuestra mente, preguntándonos cuáles son las prioridades. Esto facilitará que nos aclaremos y resolvamos la situación, de lo contrario, creeremos que no podemos resolverla. Con el tiempo, podremos actuar correctamente y esto no exige abandonar nuestra forma habitual de proceder, porque se va a ir adaptando de forma natural a las visiones internas profundas que vamos descubriendo. Por esto es tan importante reflexionar, ver realmente la verdad de cada cosa, pues es la única forma de liberarnos de hábitos y conceptos que constituyen un sistema mental rígido que nos hace sufrir. No es tan fácil aplicar las pautas de la *bodhicitta* a las situaciones de la vida cotidiana, y se requiere esfuerzo y práctica para que se produzca gradualmente.

Algunas personas malinterpretan lo que significa "oscurecimiento debido al conocimiento". Algunos piensan que hay que evitar el conocimiento, pero esto no es así en absoluto, sino que no somos capaces de emplear lo que hemos aprendido; este es un punto esencial de reflexión, que despejará mucha confusión. Muchas personas tienen un buen nivel educativo y cultural, con un gran almacén de conocimientos y, sin embargo, aún quieren más. Mediante un cuidadoso examen de la cuestión, se descubre que lo que inevitablemente está faltando es la verdad. Y esta es la razón por la que muchas personas se dirigen hacia el budismo. La verdad no es algo extraño y externo, sino que se encuentra cuando se mira adentro. Es necesario aplicar el Dharma en las situaciones de la vida cotidiana, y asentar nuestra comprensión en las interacciones con los demás. Esto nos permite actuar con sabiduría, aunque su desarrollo sea gradual y no excesivamente fácil pero, no obstante, es muy importante.

Un practicante es alguien que practica la meditación regularmente para entender la naturaleza de Buda, y su comprensión se halla en un nivel diferente que puede disipar los espejismos de la ignorancia, obtener sabiduría y alcanzar la mente despierta. Muchas personas hacen retiros para alcanzar este resultado definitivo y los métodos son la práctica de la compasión, el Guru Yoga o cualquiera de las prácticas de los *yidam*. Cuando nos preparamos emprendiendo adecuadamente estas prácticas, los resultados se producirán de forma natural sin tener que hacer esfuerzos. No obstante, tampoco podemos esperar a que estos aparezcan de repente, así que seguimos las instrucciones de la práctica. Y practicando, hay otra comprensión, que puede ilustrar la historia del encuentro de Su Santidad Karmapa con un maestro indio.

En 1972, fui con su Santidad Karmapa en peregrinaje por la India y visitamos Bodhgaya y otros lugares sagrados en el sur de la India. En Bombay, Karmapa recibió una invitación, que aceptó, de un bien conocido maestro hindú y fuimos a su ashram en un pequeño pueblo llamado Ganeshpur, donde había muchas personas que habían ido a recibir sus enseñanzas. En un descanso, Karmapa y el maestro hindú se retiraron a una pequeña habitación con algunos discípulos; estaban charlando informalmente, cuando el maestro hindú le preguntó a Karmapa: "¿Puedes mostrarnos un milagro?". En la India, son muy importantes los milagros, porque son una prueba del grado de realización de la mente y, en otros tiempos, los grandes maestros como Tilopa y Naropa podían mostrar su dominio de la mente realizando milagros. Karmapa respondió: "No hoy, pero sí mañana durante la ceremonia de la corona". Todo el mundo permaneció en silencio y los treinta discípulos del entorno de Karmapa creímos que, sin duda alguna, al día siguiente realizaría ¡algo muy especial!

Al día siguiente, tuvo lugar la ceremonia de la corona en presencia de seiscientas personas, la mayoría de ellas indias. Todos estábamos muy atentos, pero para nosotros no sucedía nada aparte de los ritos habituales realizados para la ceremonia, tras la cual, el maestro indio que estaba sentado como todos nosotros quedó completamente convencido de la realización de su Santidad. Para él, algo sucedió durante la ceremonia que le hizo creer que Karmapa había alcanzado la más importante realización de la religión hindú: el despertar.

Esta historia muestra que obtener el significado preciso depende realmente de la capacidad de cada persona. La ceremonia de la corona es profunda, en el sentido de que nos introduce en la realización de la mente, aunque cada uno de nosotros tiene que reunir todas las condiciones requeridas y cumplir con todos los preparativos necesarios, para que se produzca. Esto quiere decir que el practicante siempre recibe del maestro el significado exacto conforme a su propia capacidad; algunas personas pueden alcanzar la realización tras recibir las enseñanzas, mientras que otras necesitan más tiempo. Esto también ilustra que los milagros y las fantasías no son importantes, ya que lo que importa es que nos pongamos a trabajar en nosotros mismos y emprendamos la tarea para que pueda madurar nuestro propio potencial. Lo mismo que Naropa no podía encontrar al maestro, cuando todavía no se había preparado, no alcanzaremos la verdad hasta que no trabajemos en la práctica.

Todas las enseñanzas y explicaciones son muy importantes; a veces creemos tener experiencias muy especiales, pero todo sigue un curso ordinario. Encontrar a un gran maestro no nos añadirá nada; Naropa, por ejemplo, buscó por todas partes a Tilopa, cuando en realidad este le estaba siguiendo y, con mucho cuidado le introdujo en el reconocimiento de puntos tan importantes como la *bodhicitta* y la devoción. También le enseñó que perseguir a un maestro no le proporcionaba ninguna realización, pues esta ha de venir de dentro a través de una reflexión interna, aplicando las enseñanzas e integrándolas en nuestra comprensión.

Todo vuelve a nuestra preparación y a nuestros esfuerzos, pero a causa de nuestros espejismos, intentamos actuar o ser de una determinada manera, pero nunca captamos realmente el sentido exacto. No tenemos que atravesar forzosamente situaciones complejas y difíciles, sino que simplemente preparándonos y practicando adecuadamente, entenderemos el sentido con precisión y de forma natural a través de situaciones ordinarias. Todas las enseñanzas del Vajrayana coinciden en este punto; puede que haya grandes y profundos términos, pero si uno intenta aferrarse a los mismos, se pierde el significado esencial. Algunas personas encuentran que las enseñanzas del Dharma son ineficaces, porque no han llevado a cabo el trabajo de base. Empezamos con la actitud del despertar, porque puede aclararnos para entender el significado de las enseñanzas del Dharma, aplicarlas a nuestra vida y abrirnos paulatinamente a la comprensión real y profunda que es la sabiduría.

Índice de términos tibetanos

Destinado a un público amplio, se ha respetado, en la medida de lo posible, la transcripción de los términos tibetanos, siguiendo la fonética estándar establecida por los investigadores y lingüistas de la *Tibetan and Himala-yan Library* (www.thlib.org). La transliteración *wylie* se ha hecho sin diacríticos.

Fonética	Transcripción	Traducción
Bardo	bar do	Estado intermedio
Daktu dzinpa	bdag tu 'dzin pa	Aferramiento al ego
Dam ngak	gdams ngag	Instrucción oral
Damtsik	dam tshig	*Samaya*, buena conexión
Denpa	bden pa	Verdad
Depa	dad pa	Fe
Dre	'Bras	Fruto, resultado
Drenpa	dran pa	Atención plena
Dzokrim	rdzogs rim	Fase de disolución
Gendun	dge'dum	Comunidad virtuosa

Gom	sgom	Meditar, familiarizarse con
Gyu	rgyu	Causa
Gyurwa	bsgyur ba	Cambiar
Jinlap	sbyin rlabs	Bendición
Kyerim	skyed rim	Fase de creación
Lama	bla ma	Maestro
Lamé neljor	bla ma'i rnal 'byor	Guru Yoga
Le	las	Acción, karma
Lojong	blo sbyong	Entrenamiento de la mente
Lung	lung	Lectura ritual
Marikpa	ma rig pa	Ignorancia
Men ngak	man ngag	Expresión de autorrealización
Mögü	mos gus	Confianza y devoción
Nepa	gnas pa	Descansar
Ngepa	nges pa	Certeza
Nyönmong	nyon mongs	Emoción, aflicción
Rikpa	rig pa	Consciencia clara
Sam	bsam	Reflexionar, contemplar
Sangye	sangs rgyas	Buda
Semchen	sems can	Ser sintiente
Shezhin	shes bzhin	Darse cuenta
Tö	thos	Escuchar
Tri	khrid	Instrucción/explicación de la práctica
Tsok	tshogs	Festín de ofrendas
Wang	dbang	Empoderamiento, iniciación
Yeshe	ye shes	Sabiduría
Yidam	yid dam	Yidam
Zhine	zhi gnas	Calma mental

Este libro se terminó de imprimir
en mayo de 2019 por Pulsio Print

N° de Edición : 4001
Depósito legal : Mayo 2019
Impreso en Bulgaria